五・七・五で伝わる四季の味

一食一句

佐倉海桜
Sakura Mio

幻冬舎MC

はじめに

柿くへば　鐘が鳴るなり　法隆寺　（正岡子規）

生前の母は、俳人・正岡子規の句が好きでした。母は庭の柿の木を眺めながら俳句を口に出しては、四季折々の風情を楽しみました。私は、母と二人で熟した柿の実を食べ何気ない会話に花が咲いた秋の夕暮れを今でも覚えています。

大切な記憶は、子規さんの美しい俳句とともに心の片隅に留まり続け数年後、私は最愛の想い出を一冊のレシピ本にしました。それが前作の『五・七・五で伝わる母の味　一食一句』です。好評のうちに次作の制作となり前作同様、子規さんの俳句と料理を合わせ　２０２０年１０月末に、心と舌で味わうレシピ本『五・七・五で伝わる四季の味　一食一句』を出版するに至りました。

本作の最後部のページには、旅の思い出に句を合わせ１府３県を紹介しております。折りに触れ、俳句を楽しむ旅先は、うつろふ人の世に一輪の花を添えるがごとく、人の温もりや感情の機微に気づかされる日々となりました。

第二弾では全レシピに長尾佳三様の美しいイラストが入り、心に沁みいる本が完成いたしました。

出版にあたり御尽力を賜りました長尾様、皆々様に伏して御礼申し上げます。

佐倉《さくら》 海桜《みお》

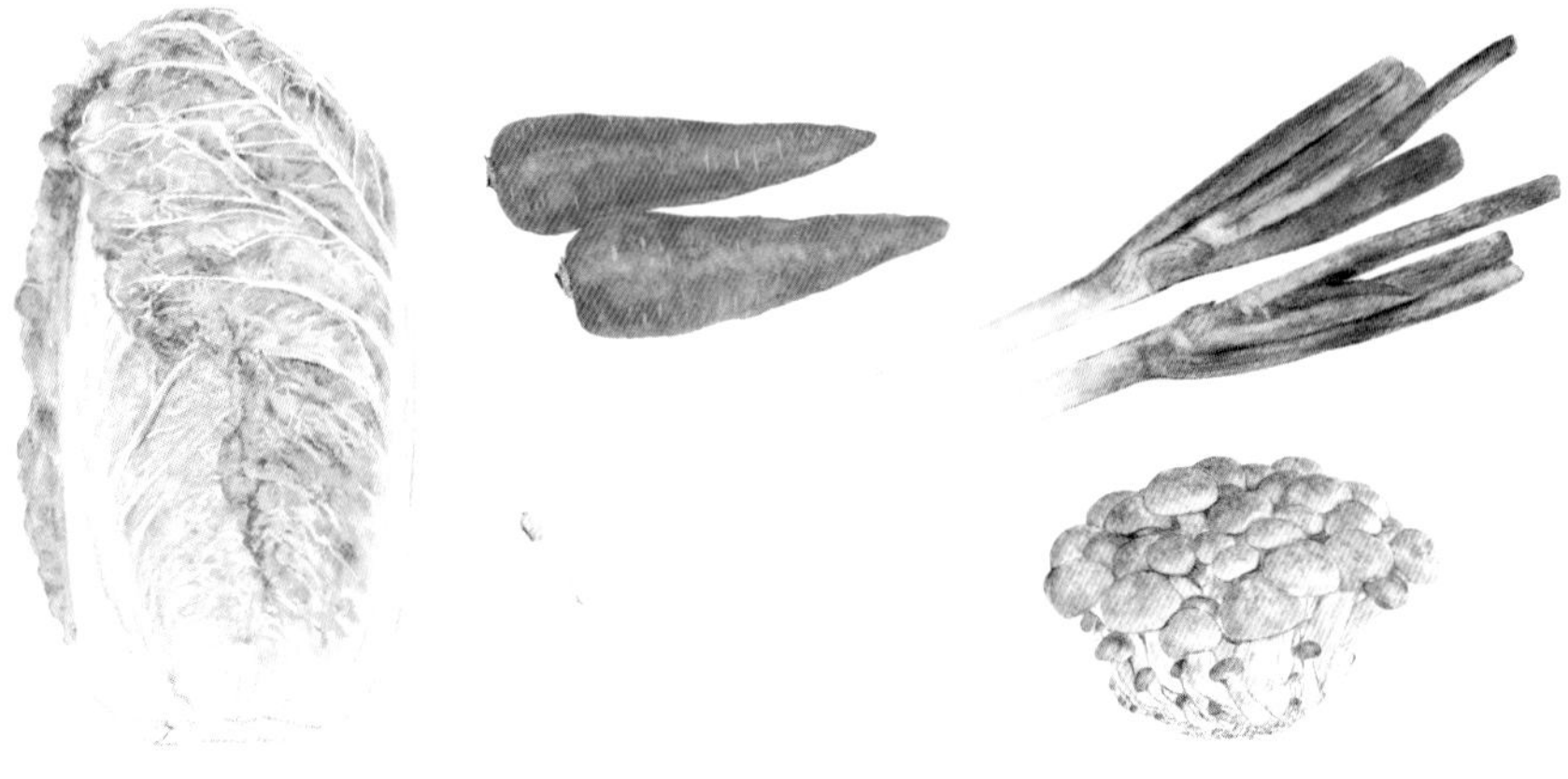

イラストレーション 長尾佳三

もくじ

夏 －山滴る－ 緑風薫る季節の一品

秋 －山粧う－ 紅葉深まる季節の一品

冬 －山眠る－　冬寒む季節の一品

春

―山笑う―

草の戸や
桜の鯛に
桃の酒

絶品！美味しい鯛の炊き込みご飯

材料（4人分）

鯛…1尾
米…3合
水…3カップ
にんじん…$\frac{1}{2}$本（約70g）
昆布（2〜3㎝×10㎝）‥1枚
★うす口しょうゆ…大さじ2
★みりん…大さじ1
★酒…大さじ2
塩…適量
花穂じそ…適宜

下ごしらえ

〈 米 〉

米は洗い30分ほど浸し、ざるに上げておく。

〈 昆布 〉

1 ボウルに水（3カップ）を入れ昆布を浸す。
2 やわらかくなるまで浸しておく。

〈 鯛 〉

1 ウロコと内臓を取る。
2 腹の血合い袋を切って、血合いを出す。
3 ボウルに水をためて、鯛の腹を洗う。
4 ペーパータオルで水気をとる。

〈 にんじん 〉

1 ヘタを切り落とし$\frac{1}{2}$に切る。
2 ピーラーで皮をむく。
3 1〜2㎜角のみじん切りにする。

作り方

1 鯛にふり塩をする。食材にまんべんなくかかるように高い位置（20㎝ぐらい）から塩を振りかける。
2 グリルの網目に軽く油を塗り、熱しておく。
3 鯛の皮面から焼く。
4 両面がこんがり焼けたら皿に上げる。
5 炊飯器の釜に米、昆布を浸した水（3カップ）、★の調味料、にんじん、昆布、その上に焼いた鯛をおく。
6 炊き上がったら10分ほど蒸らす。
7 昆布と鯛だけを取り出し大皿にのせる（ヤケドに注意）。
8 皿の上で鯛の身をほぐす（頭と骨は取り除く）。
9 ほぐした身と昆布についたにんじんを炊飯器に戻し、やわらかく混ぜる。
10 器に盛り花穂じそをあしらう。

炊き上がったご飯にみつばを混ぜると、より一層、色よく仕上がる。

旬の食材！筍たっぷり炊き込みご飯

材料（4人分）

米…3合
たけのこ（水煮）…100g
鶏もも肉…150g
にんじん…½本
しいたけ…4個
★水…450㎖
★めんつゆ…大さじ3
★酒…大さじ1
★みりん…大さじ1
★顆粒だし…8g

作り方

1 お米は、水で洗い30分ほど浸し、ざるに上げておく。
2 たけのこは薄切りにし、鶏肉は小さく切り、にんじんとしいたけは千切りにする。
3 炊飯器にお米と★の調味料を入れ 2 の具材を入れて炊く。

しんとして
露に音あり
朝桜

たけのこの風味が口の中にふわりと広がる炊き込みご飯の定番。忙しい毎日に手軽で美味しいたけのこご飯を召し上がれ。

春を感じる一品！食物繊維豊富な さやえんどうの卵とじ

材料（4人分）

さやえんどう‥200g
卵…2個
★めんつゆ…50㎖
★水…100㎖
★みりん…大さじ2

作り方

1 さやえんどうは筋をとり、卵は割ってかき混ぜておく。
2 フライパンに★を煮立たせ、さやえんどうを入れる。
3 火が通ったら、卵を回し入れる。

草化して
胡蝶になるか
豆の花

コスパ良しのお助けメニュー。

玉売を
呼びこむ家や
春の風

簡単！格別、
フワフワ卵かけご飯

材料（4人分）

炊きたてご飯…800g

卵…4個

卵かけご飯のたれ

- しょうゆ…大さじ1
- みりん…大さじ1
- 顆粒だし…小さじ½
- 水…100mℓ

作り方

〈 たれ 〉

1 小鍋に卵かけご飯のたれのみりんを入れて煮立てる。

2 表面がぐらぐらと泡立つほどになったら水を入れる。

3 沸騰したらしょうゆと顆粒だしを加え、ひと煮立ちさせる。この時、突然に噴きこぼれることがあるので、鍋に菜箸など入れて、突沸現象を防ぐ。

4 たれの粗熱をとって冷ます。

〈 卵かけご飯 〉

1 新鮮な卵をボウルに割り入れる。

2 卵黄だけをスプーンですくって別皿に移す。

3 ボウルの中の卵白を菜箸で切るように混ぜる。

4 粗熱をとったタレに 3 の卵白を混ぜ合わせる。

5 炊きたてのご飯の中央部に窪みを作り 2 の卵黄をのせる。4 の卵かけご飯のたれをかける。

卵かけご飯のお供に海苔の佃煮や味付けなめ茸（えのきだけ）がオススメ。

佐保姫と
ともに笑ふや
山の景

手軽でボリューミー♡
松山あげとたまご丼ぶり

材料（1人分）

あたたかいご飯
…約200g（どんぶり1杯分）
卵（Mサイズ）…2個
ほそねぎ…適量
松山あげ
…1～2枚（なければ薄揚げ1枚）
紅しょうが…適宜

だし汁

★だし…75㎖
★しょうゆ…大さじ1
★みりん…大さじ1
★砂糖…大さじ1

下ごしらえ

〈 松山あげ 〉

1 一口大に切る（油抜き不要）。
2 松山あげがない時は、薄揚げの油抜きをしてから、余分な水気を拭きとり、短冊切りにする。

〈 ほそねぎ 〉

1 根元を切り落とし、ななめ切りで食べやすい長さにする。
2 ボウルに水を入れて、5分間ほど水にさらす。
3 水から上げて水気をきる。

〈 卵 〉

1 ボウルに卵を割り入れ卵白を切るように混ぜる。
2 混ぜ過ぎない。

作り方

1 フライパンに★を入れて中火にかける。
2 煮立ったら、松山あげ（薄揚げ）を入れる。
3 沸騰したら弱火にして、溶きほぐした卵の一部を中央部から流し入れる。
4 数回に分けて卵液を流し入れ、ほそねぎを散らす。
5 蓋をして半熟になるように煮る。
6 どんぶりにご飯を入れ、**5** を上からのせる。
7 好みで紅しょうがを添える。

松山あげのサクフワ感。店頭で見つけたら一度お試しを♡

岡あれば宮
宮あれば
梅の花

食べごたえ満点！
長いもとベーコンの炒め物

材料（4人分）

長いも…300g
スライスベーコン…100g
にんにく…1片
エキストラバージンオリーブオイル…小さじ2
塩…適量
こしょう…適量

下ごしらえ

〈 長いも 〉

長いもを洗い、厚さ1㎝の輪切りにする。

〈 ベーコン 〉

ベーコンは幅1㎝、繊維に対して垂直に切る。

〈 にんにく 〉

1 外皮をむき1片を取り出す。
2 1片の皮と内側の薄皮を取り除く。
3 横にして置き、水平に2〜3か所の切り込みを入れる。
4 頭部を残してさらに細かく切り込みを入れる。
5 向きをかえ端から細かいみじん切りにする。
6 包丁の刃元を使って、さらに細かく刻む。

作り方

1 フライパンにエキストラバージンオリーブオイルを入れ、中火で熱する。
2 にんにくを入れ香りが立ったらベーコンを加える。
3 ベーコンがカリカリに焼けたら、長いもを入れる。
4 菜箸で長いもをときどき返しながら焼く。
5 ほど良い焦げ目がついたら塩、こしょうをして皿に盛る。

長いもは栄養価が高く、ビタミン類も豊富。
滋養強壮、風邪予防、美肌効果があるスーパーフード。

白魚の
雲にかゝりし
海雲哉

さっぱり、最高！
甘酢さよりの南蛮漬け

材料（4人分）
さより…8尾（開く）
玉ねぎ…½個
にんじん…⅓本
ピーマン…2個

南蛮漬けのつけ汁
★だし…1カップ
★酢…½カップ
★薄口しょうゆ…大さじ2
★みりん…大さじ2
★砂糖…小さじ2

片栗粉…適量
揚げ油…適量
赤とうがらし（輪切り）…適量

下ごしらえ

〈 南蛮漬けのつけ汁 〉

1 鍋に★を合わせて、ひと煮たちしたら火を止める。
2 バットに移して粗熱をとる。

〈 さより 〉

1 尾から頭に向かって包丁を動かし鱗をとる。
2 腹びれを取り除き、胸びれ周辺から包丁を入れ、頭を切り落とす。
3 腹部を開いて内臓を取り出す。
4 内側の黒い腹部と血合いを洗う。
5 中骨の上に刃を入れ尾まで切り身を切り離さないように中骨を取り除く。
6 左右の腹骨をすく。
7 さよりの開きの完成。
8 バットに並べて軽く塩をして4〜5分ほど置く。
9 ペーパータオルで水気をとる。

〈 野菜 〉

1 にんじんはせん切りにする。
2 ピーマンは細切りにする。
3 玉ねぎは薄切りにする。辛みが強いときは、水にさらして辛みを抜く。

作り方

1 下ごしらえした野菜と赤とうがらしの輪切りを粗熱が取れた南蛮漬けのつけ汁と合わせる。
2 片栗粉を入れたバットに下ごしらえ済みの開いたさよりを移し、粉をまぶす。薄くムラなくつける。
3 フライパンに揚げ油を入れ、180℃に熱しさよりを揚げる。ほど良く色づいてきたら、返しながら4〜5分ほど揚げる。カリッと揚げる。
4 油をしっかりときる。
5 熱いうちに揚げたてのさよりを南蛮漬けのつけ汁に漬け込む。
6 色よく器に盛り完成。

さよりは春から秋に獲れ美味しい時期は春。良質なたんぱく質でビタミンB12が含まれている。

花程の
雫《しずく》こほすや
菫草《すみれそう》

青春の味！
肉汁ジューシーメンチカツ！

材料（4人分）

合いびき肉…約500g
塩…小さじ1
玉ねぎ…大1個（約250g）
★卵…1個
★ナツメグ…小さじ½
★こしょう…少々
★しょうゆ…小さじ1
★生パン粉…½カップ
☆小麦粉…適量
☆卵…1個（溶き卵）
☆パン粉（細目）…適量
サラダ油…適量
◆トマト…適量
◆卵サラダ…適量
◆キャベツ…適量

下ごしらえ

〈 玉ねぎ 〉

1 玉ねぎの両端を切り落とし皮をむく。
2 縦半分に切る。
3 根元まで切らないように、繊維に沿って薄切りにする。
4 垂直に向きをかえ細かく刻み、みじん切りにする。
5 ふきんに **4** と塩少々を包み手でもむ。
6 ボウルに水をためて、その中で **5** をもみ洗いする。
7 しっかりと水気をきっておく。

〈 合いびき肉 〉

1 肉は冷蔵庫でよく冷やしておく。
2 ボウルに肉と塩を入れ練る。
3 粘り気が出るまでしっかり練る。
4 別のボウルに★を入れ混ぜ合わせる。
5 肉の入ったボウルに **4** を加え、しっかりと練る。

作り方

1 下ごしらえした肉の入ったボウルに玉ねぎを加え、さらに混ぜ合わせる。
2 生地を8等分にし小判形に整える。
3 手に油を塗ると成型しやすい。
4 小麦粉、卵、パン粉の順番で衣をつけて170～180℃の油で揚げ
5 る。
両面にきつね色の揚げ色がつけば
6 出来上がり。
油を切って、つけ合わせの◆と成型したご飯を盛り付ける。

洋食を代表するメニューの1つ。メンチカツのソースは、ウスターソース。トマトソースに代えても相性バツグン♡

春雨や
油したゝる
牛の肉

いちおし！今夜のメインに最適♡
～しっとり肉汁あふれるハンバーグ～

材料（4人分）

玉ねぎ…1個
★合いびき肉…500g
★卵…2個
★パン粉（なくてもよい）
…大さじ5
★塩こしょう…適量
★牛乳…大さじ2
☆酒…大さじ6
☆ウスターソース…大さじ5
☆トマトケチャップ…大さじ5
サラダ油…適量

下ごしらえ

1 玉ねぎをみじん切りにして耐熱容器に入れる。
2 ラップをかけて、500Wの電子レンジで5分加熱する。
3 玉ねぎが透明になり、熱が通ったら、全体をさっくりと混ぜ冷ます。

作り方

1 大きめのボウルに★と冷ました玉ねぎを入れ、粘りが出るまで混ぜる。
2 ボウルの中で8等分する。
3 フライパンに油大さじ1を熱し、成形したたねを並べ入れる。
4 たねの中央に指で少し凹みを作る。
5 中火で3分ほど焼き、こんがりと焼き色がついたら裏返し、さらに2分ほど焼く。
6 弱めの中火にしてふたをし、5分ほど蒸し焼きにする。
7 ふたを取り、ハンバーグの中央に竹串を刺して澄んだ肉汁が出れば完成。
8 一旦火を止め、ハンバーグを皿に盛る。フライパンを拭かないで☆を入れる。
9 弱火で熱し、大きく混ぜ合わせる。
10 小さな泡が立ち始めたら、火を止め、ハンバーグ全体に回しかける。

昭和の定番メニュー。
令和の時代も人気No.1の一品！

鶯《うぐいす》や
隣《となり》も窓を
あける音

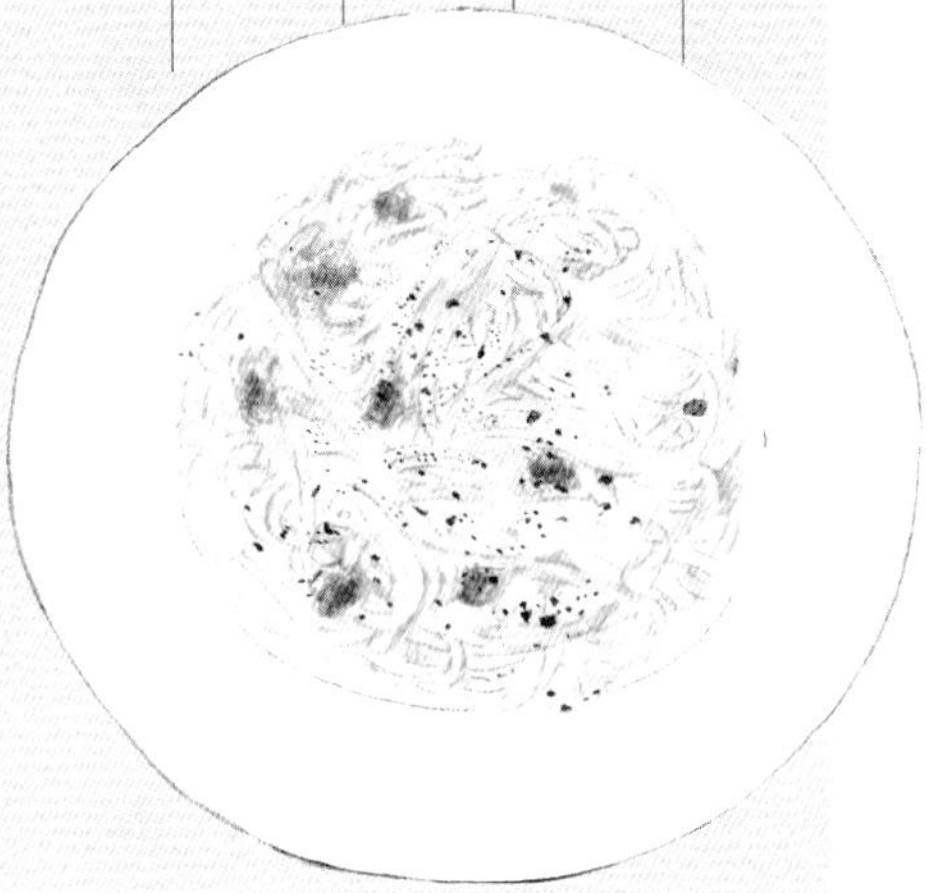

ボーノ、時短でうまッ♡カルボナーラ

材料（2人分）

スパゲティ（1.8㎜）…200g
★水…1ℓ
★塩…小さじ1
厚切りベーコン
（あればパンチェッタ）…70g
卵黄…2個
生クリーム…120mℓ
パルメザンチーズ（あれば
パルミジャーノ）…大さじ4
オリーブオイル…大さじ2
塩…適量
こしょう…適量

卵に火が通り過ぎるようなら、ボウルにスパゲティを入れてカルボナーラ液と混ぜ合わせるとGood!

下ごしらえ

1 ボウルに卵黄2個と生クリームとパルメザンチーズを混ぜ合わせる。
2 厚切りベーコンを0.5～1㎝幅に切る。

作り方

1 鍋に★を入れ沸かし、パッケージの表示通りに茹でる。
2 スパゲティを茹でる間に、フライパンを熱しオリーブオイルを入れベーコンを炒める。弱火で炒め、じっくり火を通す。
3 ベーコンから油が出て焼き色がついたら、茹で上がったスパゲティを加えて混ぜ合わせる。
4 ベーコンとスパゲティが良く混ざったら、下ごしらえした **1** と茹で汁大さじ4を入れて、手早く混ぜる。
5 塩、こしょうで味を調えて皿に盛る。

行く春や
日記を結ぶ
藤の歌

疲労回復にオススメ！ にらなっとう

材料（4人分）

鶏むねひき肉…250g
にら…1束
納豆…3パック
サラダ油…小さじ2
納豆のたれ…3袋

作り方

1 にらを1㎝幅に切る。
2 フライパンに油を熱し、ひき肉を加えて炒める。
3 ひき肉がぽろぽろになったら、にらを加えてしんなりするまで炒める。
4 弱火にし、納豆を加えてさっと炒め合わせる。
5 火を止め、納豆のたれを回しかけ混ぜる。
6 ご飯を器に盛って **5** をのせ、お好みで岩海苔やキムチを添える。

にらを調理用はさみで切り落とせば洗い物も少なく、フライパン1つで作れる栄養豊富な楽ちんレシピ。

菜の花の
中に夕日の
黄なるかな

体も心もぽっかぽっか みそ汁

材料（4人分）

菜の花…1束
絹ごし豆腐…1丁
松山あげ（なければ薄揚げ）
…大判1枚
万能ねぎ…1/5本
だし…800mℓ
みそ…適量

下ごしらえ

〈 菜の花 〉

1 ボウルに水をためて菜の花の茎や葉を丁寧に洗う。
2 茎の根元の固い部分2〜3cmを切り落とす。
3 鍋にたっぷりの湯と塩少々を加え沸騰させる。
4 茎の部分から入れ、全体が色よく仕上がるようにさっとゆでる。
5 すぐに冷水につけて水にさらす。
6 水気を絞り食べやすい大きさに切り分ける。

作り方

1 絹ごし豆腐は、さいの目切りにする。
2 万能ねぎは小口切りにする。
3 松山あげは油抜き不要。大判1枚を横に置いて、縦に4等分する。
4 その1つ分をまた4等分する。
5 薄揚げの場合は、油抜きして **3** と **4** のように切り分ける。
6 鍋にだしを入れて中火にかけ煮立てる。
7 弱火にして鍋にみそを溶く。
8 豆腐、菜の花、松山あげの順番で入れる。
9 ひと煮立ちして、ねぎを加える。

花冷えする春先の菜の花レシピ。
体も心もふんわり、あったまる。

茶に匂ふ
葵の紋や
梅の花

コク深！ほっこり根菜の炒め煮（いりこ入り）

材料（4人分）

れんこん…1節

ごぼう…小2本

にんじん…大½本

里芋…4個（約350g）

スナップえんどう…10本

サラダ油…適量

煮干しだし

★いりこ…30〜50g

★水…1ℓ

※煮汁としての使用量は1カップ。

煮汁

★砂糖…大さじ1と⅓

★みりん…大さじ3

★しょうゆ…大さじ3

★だし汁…1カップ

下ごしらえ

〈 煮干しだし 〉

1 煮干しの頭部と内臓部分を取り除く。

2 水洗いして、分量の水に浸す。

3 鍋に移しかえ火にかける。

4 沸騰したら弱火にしてアクを取り除く。

5 10分ほど煮る。

6 さらしでこす。

〈 れんこん 〉

1 両端を切り落とし、ピーラーで皮をむく。

2 割り箸にアルミホイルを巻き、れんこんの穴の汚れをこそぎ取る。

3 ボウルに水を入れ、れんこんを水にさらす。

4 縦に4等分するように、直角に回しながら、小さめの一口大のななめ切りにする。

〈 ごぼう 〉

1 流水で皮を洗う。

2 切り口をななめになるように回しながら、小さめの一口大の乱切りにする。

3 酢水（水1ℓに対して酢大さじ1）にさらす。

〈 里芋 〉

1 ボウルに水を入れる。

2 ボウルの中で里芋の汚れや土を洗う。

3 流水で里芋の土を落としながら洗う。

4 ペーパータオルで水気を拭きとる。

5 上下を切り落とす。

6 耐熱皿に並べラップをして電子レンジ（500W）で3〜4分加熱する。

7 ペーパータオルで里芋の皮をむく（熱いのでやけどに注意）。

8 皮をむきにくい時は、スプーンやテーブルナイフで皮をこそげ取る。

9 小さめの一口大に切る。

〈 にんじん 〉

1 ヘタを切り落とし$\frac{1}{2}$に切る。

2 ピーラーで皮をむく。

3 小さめの一口大の乱切りにする。

〈 スナップえんどう 〉

1 両端の枝つきの部分と筋の部分を取る。

2 鍋に湯を沸かし、塩を少々入れ、硬めにゆでる。

3 ざるに上げて冷水にとって粗熱をとる。

4 ペーパータオルで水気をきる。

作り方

1 鍋に油を熱し、ごぼうとにんじんを炒める。

2 里芋とれんこんを加えて、さらに炒める。

3 だしで使ったいりこを入れ、さっと炒める。

4 ★を加え具材に火が通るまで煮る。

5 器に盛り付け、スナップえんどうを散らす。

6 いりこをすみに添えて完成。

※冷凍室に作り置きのしいたけの炊いた半月切りのものがあれば一緒に添える。

煮干しだしを作る時に、煮干しの頭と内臓を取り除き、冷凍しておくと使いやすい。

酒は桃
鯛は桜を
草の庵

鯛のカルパッチョ（ラビゴットソース風）

材料（4人分）

〈 鯛のカルパッチョ 〉

鯛（刺身用）
…1さく（約180g）
ベビーリーフ…適量

〈 ラビゴットソース風 〉

プチトマト…12個
玉ねぎ…約35g（くし切りにしたもの1切れ分）
きゅうり…$\frac{1}{3}$本
エキストラバージンオリーブオイル…大さじ3
白ワインビネガー…大さじ2
レモン汁…小さじ1
塩・粗挽きこしょう…少々

作り方

〈 鯛のカルパッチョ 〉

1 鯛を1㎝幅にそぎ切りにする。
2 余分な水分をペーパータオルで吸いとる。
3 皿に鯛を盛り冷蔵庫で冷やしておく。

〈 ラビゴットソース風 〉

1 プチトマトは4等分にする。
2 玉ねぎは5㎜ぐらいの色紙切りにする。
3 きゅうりは$\frac{1}{3}$本に分け、縦に切る。5㎜ぐらいの角切りにする。
4 ボウルにオリーブオイルとワインビネガー、レモン汁を入れてよく混ぜる。
5 ボウルに **1** 、**2** 、**3** を入れて塩と粗挽きこしょうを加え好みの味にする。
6 冷蔵庫で冷やしておいた鯛の切り身にラビゴットソースをかける。
7 器にベビーリーフを添えて出来上がり。

ラビゴットソースは、野菜を細かく刻んだものに油、酢を合わせたもの。ラビゴットはフランス語で、元気を出させるという意味。

大人気！行楽の季節に最適♡
スナップえんどうの
白ごまマヨネーズがけ

そよそよと
杉の間より
春の風

材料（4人分）

スナップえんどう…約200g
塩…少々
マヨネーズ…大さじ2
白ごま（すりごま）…適量
しょうゆ…小さじ1

下ごしらえ

1 スナップえんどうの枝がついている部分と筋を取り除く。
2 飾り切りをする。両端をV字型に切り揃える。

作り方

1 沸騰した湯に塩少々を入れ、スナップえんどうを2～3分ほど茹でる。
2 冷水で冷まし、色よく仕上げる。
3 水気をよく拭き取りボウルに移し、しょうゆ、白ごまの順に加え和える。
4 最後に、**3** を器に盛り見た目良くマヨネーズをかけて出来上がり。

新鮮なスナップえんどうの選び方。ツヤがあり、はりがあるもの。色合いが美しく先端が変色していないもの。旬の時期は、春頃から初夏頃まで。

爽やか！
シャキシャキ山芋の酢の物

此畑も
親が譲りの
茗荷《みょうが》哉

材料（4人分）

山芋…200g
みょうが…2本
しょうゆ…大さじ2
砂糖…大さじ2と½
酢…大さじ2

作り方

1 山芋は短冊切りにし、みょうがは千切りに切る。
2 ボウルにしょうゆ、砂糖、酢を混ぜ、その中に **1** を入れ和える。

山芋とみょうがの相性バツグン。酢の物メニュー。手軽に一品作れるクイックレシピ！

松のあひに
桜、桜の
あひに松

いちごとあんの甘い幸せコラボ♡
～いちごとあんのオープンサンド～

材料（4人分）

角食パン4枚切り…4枚
粒あん…200g
バター…大さじ2
いちご…5～6個

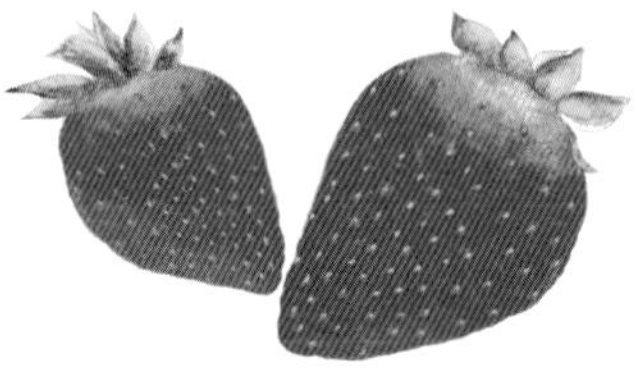

作り方

1 固形バターを電子レンジか湯せんで溶かす。
2 いちごは、へたのついたまま水で洗う。力を入れ過ぎると実が傷むので注意する。
3 いちごのへたを切り落とし、縦4等分する。スライスしたいちごの余分な水分をペーパータオルでとる。
4 食パン1枚に **1** の溶かしバター約6gを塗り、粒あん50gを塗る。
5 さらにその上に **3** のいちごをバランス良くのせて完成。

いちごの他にバナナでもOK♡

春風の
ふつとふくらむ
木芽《きのめ》哉

春の予感！インスタ映え間違いなし！
さくらんぼ寒天・ブルーベリー寒天

〈 さくらんぼ寒天 〉

材料（4人分）

角寒天…2本(8g)
砂糖…30g
水…500mℓ
さくらんぼ（生食用）…適量
（なければさくらんぼ缶を使用）
★かき氷用シロップ（赤）
…16mℓ
★粗熱をとった寒天液16mℓ
ホイップクリーム
（市販のホイップ済み）…適量
みかんの缶詰…適量

下ごしらえ

〈 角寒天 〉

1 ボウルにたっぷりの水を入れ角寒天をつけ、もみ洗いする。
2 10〜20分ほど、水に浸す。
3 やわらかくなったら、角寒天を絞り水気をきる。

〈 さくらんぼ 〉

さくらんぼの種を取り除く。

作り方

1 やわらかくなった角寒天をちぎる。
2 500mℓの水と**1**を鍋に入れる。
3 沸騰させて中火にし煮溶かす。
4 透明感が出るまで煮る。
5 砂糖を加える。
6 溶けたら寒天液をこし器でこし、ボウル小に移す。
7 ボウル大に冷水を入れ、ボウル小の粗熱をとる。
8 ★を容器に入れて冷蔵庫に入れ休ませる。
9 完全に固まる前に冷蔵庫から取り出し、**7**の残りの寒天液とさくらんぼを容器に入れる。
10 1時間ほど、冷蔵庫で**9**を休ませ、完全に固まったら、さくらんぼとみかん、ホイップクリームを添える。

新鮮なさくらんぼ（生食用）の選び方
粒が大きい。色が鮮やか。軸がピンとして枯れていない。外皮に傷がなく、張りがある。

〈 ブルーベリー寒天 〉

材料（4人分）

角寒天…2本(8g)
砂糖…20g
水…500mℓ
ブルーベリー缶…固形量40g
かき氷用シロップ(緑)…16mℓ
ホイップクリーム
（市販のホイップ済み）…適量
みかんの缶詰…適量

作り方

1 **1**〜**8**さくらんぼ寒天と同じ手順。
9 完全に固まる前に、ブルーベリーと**7**の残りの寒天液を容器に入れる。
10 冷蔵庫で1時間ほど休ませ、完全に固まったらブルーベリー、みかん、ホイップクリームを添える。

冷凍ブルーベリーの活用法♡
ヨーグルトやパンケーキにトッピング。ミキサーに牛乳とはちみつ、ブルーベリーを入れ、ブルーベリードリンクに！

菜には蝶、
麦に雲雀や
春の風

パン・プディング

材料(4人分)

食パン250g(6枚切りの5枚分) レーズン40g ブランデー小さじ1 卵3個 砂糖30g 牛乳½カップ バニラオイル少々 バター適量 あんずジャム適量

調理器具…直径24〜26cmのフライパン

作り方

1 食パンは細かくちぎる。
2 レーズンはぬるま湯でさっと洗い水気をきり、ブランデーをかける。
3 ボウルに卵を割り入れ溶きほぐし、砂糖、牛乳、バニラオイルの順に加えながらよく混ぜる。**1**と**2**を加え全体がなじむようによく混ぜる。
4 中火にかけたフライパンにバターを溶かし全体になじませたら火を止め、**3**を流し入れて表面を平らにし、ふたをして中火〜弱火で焼く。焼き色がついたら、ひっくり返して片面も焼く。
5 粗熱が取れたら表面にあんずジャムを塗って半分にカットし、2段に重ね好みの大きさに切り分ける。

ブランデーはお好みの洋酒に替えてOK。あんずジャムが味の引き締め役。たっぷりと塗ってどうぞ。

ふるさとや
親すこやかに
鮓の味

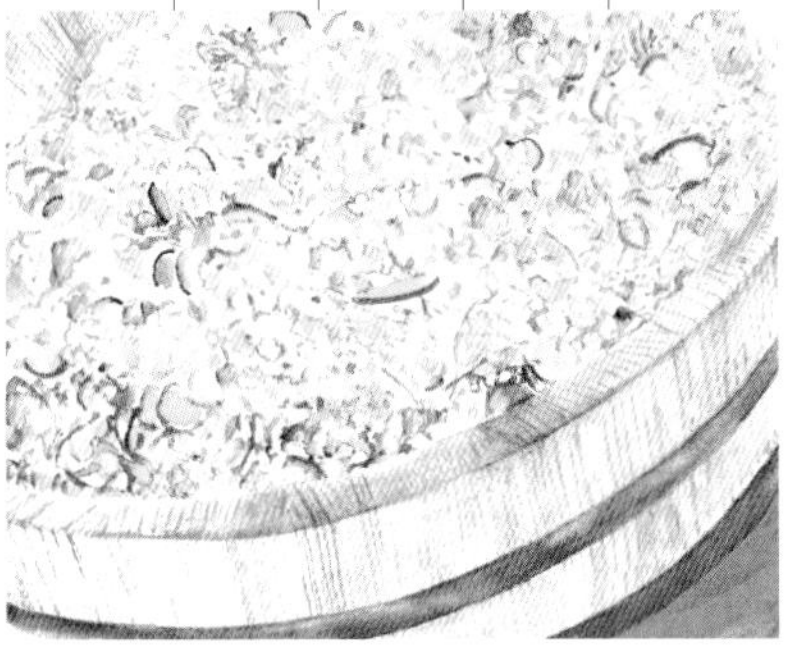

あじときゅうりの梅ちらし

材料(4人分)

〈 梅酢飯 〉米3合 水540mℓ 昆布(7cm×7cm)1枚 梅干し(大粒)3個 酢½カップ 砂糖大さじ1½ 塩少々

〈 具材 〉あじの開き3枚 きゅうり1本(塩小さじ1) 卵2個(砂糖小さじ1、酒大さじ1) 白ごま大さじ1 青じそ5〜6枚

作り方

〈 梅酢飯の下準備 〉

1 米は洗って水気を切り、水と昆布を加えてやや硬めに炊く。
2 梅干しは種を取って包丁で叩いて細かくしてボウルに入れる。酢、砂糖、塩を加えよく混ぜる。

〈 具材の下準備 〉

1 あじの開きはグリル等でこんがり焼いて身をほぐしておく。
2 きゅうりは薄くスライスして塩をふってしばらくおき水気を切り絞っておく。
3 青じそは千切りにしてさっと水洗いし、水気をきっておく。
4 卵は、小さめの鍋に割り入れてほぐし、砂糖と酒を加えてよく混ぜ中火にかける。菜箸4〜5本でかき混ぜながら炒り、細かい炒りたまごを作る。

〈 盛りつけ 〉

1 飯台か大きめのボウルに炊いたご飯を入れ(昆布は取り除く)梅酢をしゃもじにそわせるように回し入れ、切るように混ぜる。
2 梅酢飯に具、白ごまを加え、手早く均一に混ぜ合わせる。
3 器に盛り、千切りにした青じそを散らして完成。

梅と青じそでさっぱりと仕上げた夏のお寿司。梅干しの塩気が強いようなら塩は不要。海苔で巻いて手巻き寿司にしても美味。

夏

― 山滴る ―

風鈴を
動かして居る
涼哉

旨味！絶品！タコの炊き込みご飯

材料（4人分）

米…2合
ゆでだこの足…80〜100g
だし汁…340mℓ
しょうゆ…大さじ2
酒…大さじ2
にんじん…½本
ごぼう…⅓本
三つ葉…適量
しょうがの絞り汁…小さじ½

だし汁

★水…1ℓ
★昆布…10cm
★かつお節…20g

新鮮なごぼうの選び方。ひびが入っておらず、太さが同じで先端までピンとはりがあるものが良い。ごぼうは食物繊維豊富。きんぴらごぼうやごぼうサラダに最適。

下ごしらえ

〈 だし汁 〉

1 昆布の汚れをペーパータオルで拭き取る。
2 水1ℓを入れたボウルに昆布を浸して約3時間おく。
3 ボウルの水と昆布を鍋に入れ、やや弱めの中火にかける。
4 昆布の表面に小さな泡がつき始めたら鍋から取り出す。
5 鍋にかつお節を入れ、沸騰したら弱火にする。
6 かつお節から出たアクを丁寧にすくい火を止める。
7 鍋にかつお節を入れたまま5分ほど置く。
8 ざるの下に大きめのボウルを置き、ざるの上にペーパータオルかさらしをのせゆっくりとこす。

〈 ゆでだこ 〉

1 食べやすい大きさに切る。

〈 にんじん 〉

1 にんじんのへたを切り縦に2等分にし、ピーラーで皮をむく。
2 薄切りにしたにんじんを重ねて2mm幅のせん切りにする。

〈 ごぼう 〉

1 たわしでごぼうの皮を洗う。
2 ごぼうの端に縦に2〜3か所切り込みを入れ、ささがきにする。包丁を寝かせて削るように切り落とす。

〈 しょうが 〉

1 使いやすい大きさに切り分け皮をむく。
2 おろし金ですりおろし、茶こしに入れて指で押さえて汁をしぼる。

作り方

1 米は水で洗ってざるに上げておく。
2 炊飯器に米、だし汁、しょうゆ、酒を入れ、具材すべてを入れて炊く。
3 炊き上がったら器に盛り、三つ葉を添える。

夏バテ防止！あっさり冷たいそば

材料（4人分）

乾めん（そば）…400g

めんつゆ（市販）ストレート…280mℓ

ねぎ…適量

わさび（市販）…適宜

作り方

1 鍋にたっぷりの湯を沸かす。

2 そばを鍋全体に広げるように入れる。

3 沸騰したら差し水をする。

4 袋の表示通りにゆでる。

5 芯がなくなるまでゆでる。ゆで過ぎないように注意する。

6 ゆで上がったら、流水にさらす。

7 両手でもみ洗いしぬめりを取り除く。

8 ボウルに氷水を入れ、そばを加えてよく冷やす。

9 ざるに上げて水気を切る。

10 めんつゆを用意し、薬味を添える。

そばにはタンパク質やビタミンが含まれ、成人病予防に役立つ健康食の1つ。

町暑し
蕎麦屋下宿屋
君か家

メロンとオレンジでオシャレに召し上がれ♡家族大喜び生ハム巻き

材料（4人分）

ネーブルオレンジ…1個

夕張メロン…¼個

レモン…適宜

ロース生ハム（スライスタイプ）…16〜20枚

作り方

1 ネーブルオレンジのへたと尻部分を切り落とす。

2 オレンジの皮をむく。

3 オレンジの房の薄皮左右にV字の切り込みを入れ、身を取り出す。

4 バットに身を並べ余分な水分を拭き取る。

5 ロース生ハムを1枚ずつオレンジに巻く。

6 メロンは食べやすい大きさにカットし、余分な水分を拭き取る。

7 ロース生ハムをメロンに巻く。

8 皿にオレンジとメロンを盛り、好みでレモン汁をかける。

ピザの具材に生ハムをのせたり、ポテトサラダに生ハムを加えてもOK!

山吹ノ
返リ花アリ
夏蜜柑

涼しさの
目にしみこむや
水の月

野菜たっぷり！
サラダ感覚のさっぱり冷うどん

材料（4人分）

うどん…4玉
ツナ缶…200g
かにかま…1パック
レタス…½個
きゅうり…2本
マヨネーズ…大さじ4

だし汁

★めんつゆ（濃縮タイプ）…大さじ4
★水…60㎖

かつお節…適量
すりごま…適量

作り方

1 ツナは缶から油を出しておく。
2 かにかまは割き、レタスときゅうりはせん切りにする。
3 うどんはサッと茹で、ざるに上げておく。
4 器にうどんを入れ、レタス、きゅうり、かにかま、ツナをのせ、マヨネーズ、★を合わせて回し入れ、かつお節、すりごまをかけて完成。

ツナ缶の油を抜くと、ヘルシーメニューに大変身!ツルツルのどごし抜群のサラダうどん。

海に映る
一番星や
浜涼し

星祭り★満願成就！五色の糸そうめん

材料（2人分）

五色そうめん…200g
（水…1.8〜2ℓ）

つゆ（そうめん用）

昆布…2g
削り節…4g
★しょうゆ…大さじ2
★みりん…大さじ2
水…200㎖

塩…適宜
しょうが…1かけ
刻みねぎ…適量

作り方

〈 つゆ（そうめん用）〉

1 ボウルに昆布と水を入れ1〜2時間浸す。
2 鍋に **1** を入れ弱火にかける。
3 小さな泡が出てきたら、昆布を取り出す。削り節を入れ沸騰したら弱火にする。
4 アクを丁寧に取り除き、火を止める。削り節が鍋の底に沈むまで3分ほど待つ。
5 ざるの上にさらしを置き、ゆっくりとこす。
6 鍋に **5** を入れ★を加えて、ひと煮立ちさせる。
7 火を止め、粗熱がとれたら、冷蔵庫で冷やす。

〈 そうめん 〉

8 記載された調理方法でそうめんをゆでる。
9 しょうがをすりおろし、細ねぎを小口切りにする。
10 皿に彩り良くそうめんを盛りつけ、めんつゆを添える。

夏の暑い日に食べたい一品。冬には、温かいにゅうめんで♡

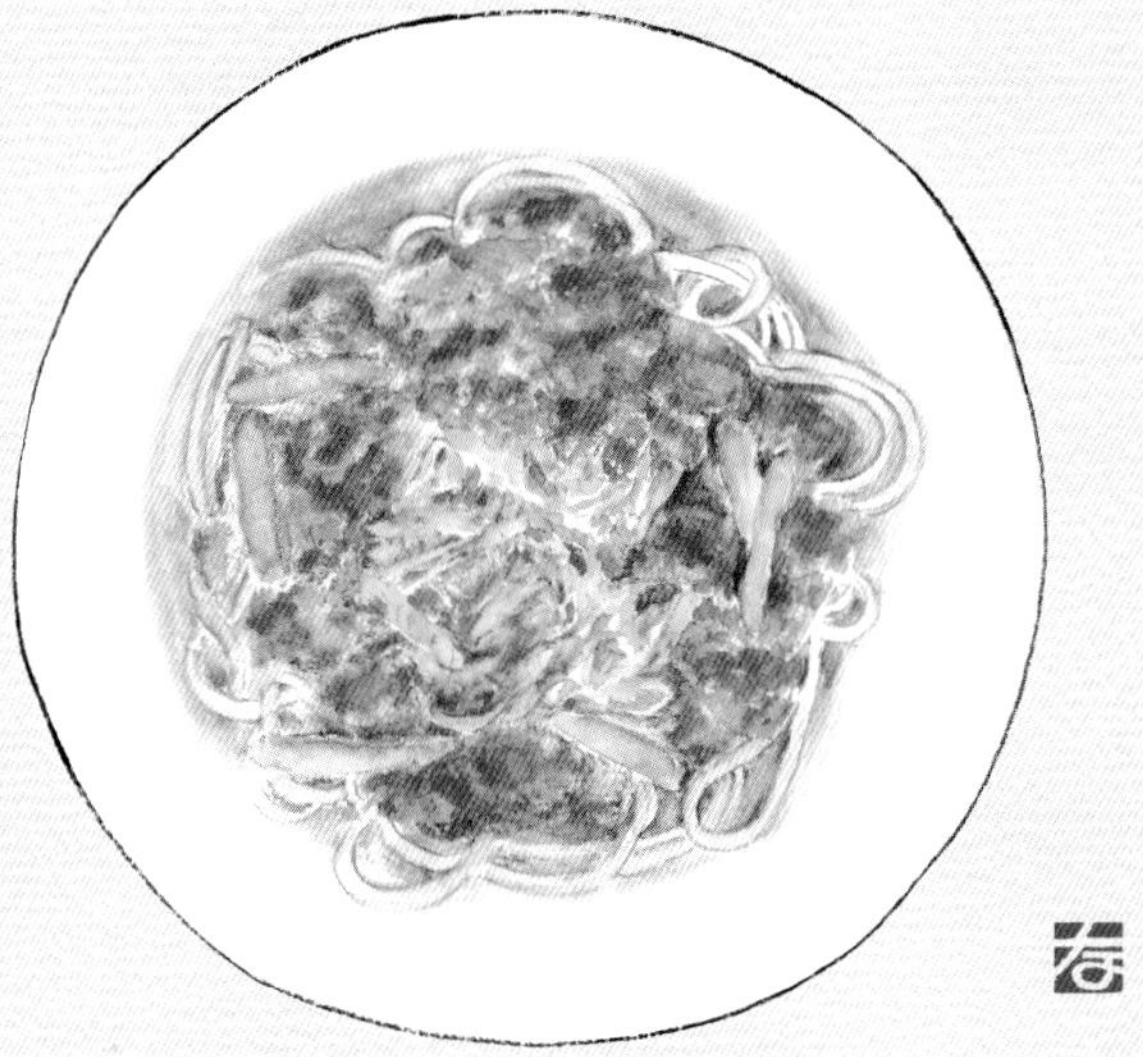

涼しさや
芭蕉に起る
風の音

夏の定番！
みんなが大好きツナの冷製パスタ

材料（4人分）

スパゲティ（1.4㎜）…320g

ゆで汁

水
塩
} 商品説明書表示通り

つけ汁

★トマト水煮缶（カットタイプ）
…1缶（約400g）

★ツナ缶（油漬けタイプ）
…1缶（200g）

★エキストラバージン
オリーブオイル…大さじ2

★塩…小さじ2

★こしょう…適量

つけあわせ

青じそ…8枚

さやいんげん…8本（約50g）

下ごしらえ

〈 さやいんげん 〉

1 流水で洗い、枝つきと筋を取り除く。

2 半分にななめ切りにする。

〈 青じそ 〉

1 青じそをそろえて重ねる。

2 軸を切り落とす。

3 繊維の方向を横にして、手前から小さく巻き棒状にする。

4 端から2～3㎜のせん切りにする。

5 ボウルに水を入れ **4** を水にさらしアク抜きをする。

作り方

1 ボウルに★を入れフォークで潰し、よく混ぜる。

2 スパゲティがゆであがるまで **1** を冷蔵庫で冷やす。

3 商品の表示通りにスパゲティをゆでる。

4 スパゲティがゆであがる直前にさやいんげんを加え、1～2分ほど一緒にゆでる。

5 皿にさやいんげんを取り、スパゲティは冷水（氷入り）でしめる。

6 ペーパータオルで **5** の水気をしっかりとる。

7 スパゲティを **2** と絡める。

8 皿に盛る時にトングを利用すると盛りやすい。

9 つけ汁をスプーンでスパゲティにかける。

10 中央部に青じそをあしらい、囲むようにさやいんげんを盛りつけて完成。

食欲のない夏バテ対策にオススメの一品。時短メニューのイチ押しトマトメニュー♡

晴天や
おきぬうちから
蝉《せみ》の声

昭和の味！懐かしい味を食卓へ！
〜フレッシュトマトのナポリタン〜

材料（2人分）

スパゲティ（1.6㎜）…200g
水…2ℓ
塩…小さじ1
オリーブオイル…大さじ1
にんにく…1片
ベーコン（薄切り）…70g
玉ねぎ…$\frac{1}{4}$個
ピーマン…1個
粉チーズ…適量
イタリアンパセリ…適量

ナポリタンソース

★ウスターソース…大さじ1
★トマトケチャップ…大さじ5
★トマト（中）…$\frac{1}{2}$個
★コンソメ（顆粒）…小さじ$\frac{1}{2}$
★バター…小さじ2

下ごしらえ

〈 スパゲティをゆでる 〉

1 スパゲティ100gに対して水1ℓを用意。スパゲティ200gなら水2ℓ用意する。大きな鍋に湯が沸騰したら、塩小さじ1を加えスパゲティを入れる。
2 スパゲティがくっつかないように時々かき混ぜる。
3 5分ほどゆでる。
4 アルデンテにゆで上がったら、すばやくざるに上げる。

〈 にんにく 〉

1 外側の皮をむき、1片を取り出す。
2 内側の薄い皮を丁寧に取り除く。
3 みじん切りにする。

〈 ベーコン 〉

1㎝幅に切る。

〈 玉ねぎ 〉

1 根と首の端を切る。
2 皮をむき縦半分に切り、根元の芯を取り除く。
3 $\frac{1}{2}$を半分に切り、側面から中央部に向かってすべて同じ幅になるようにくし切りにする。

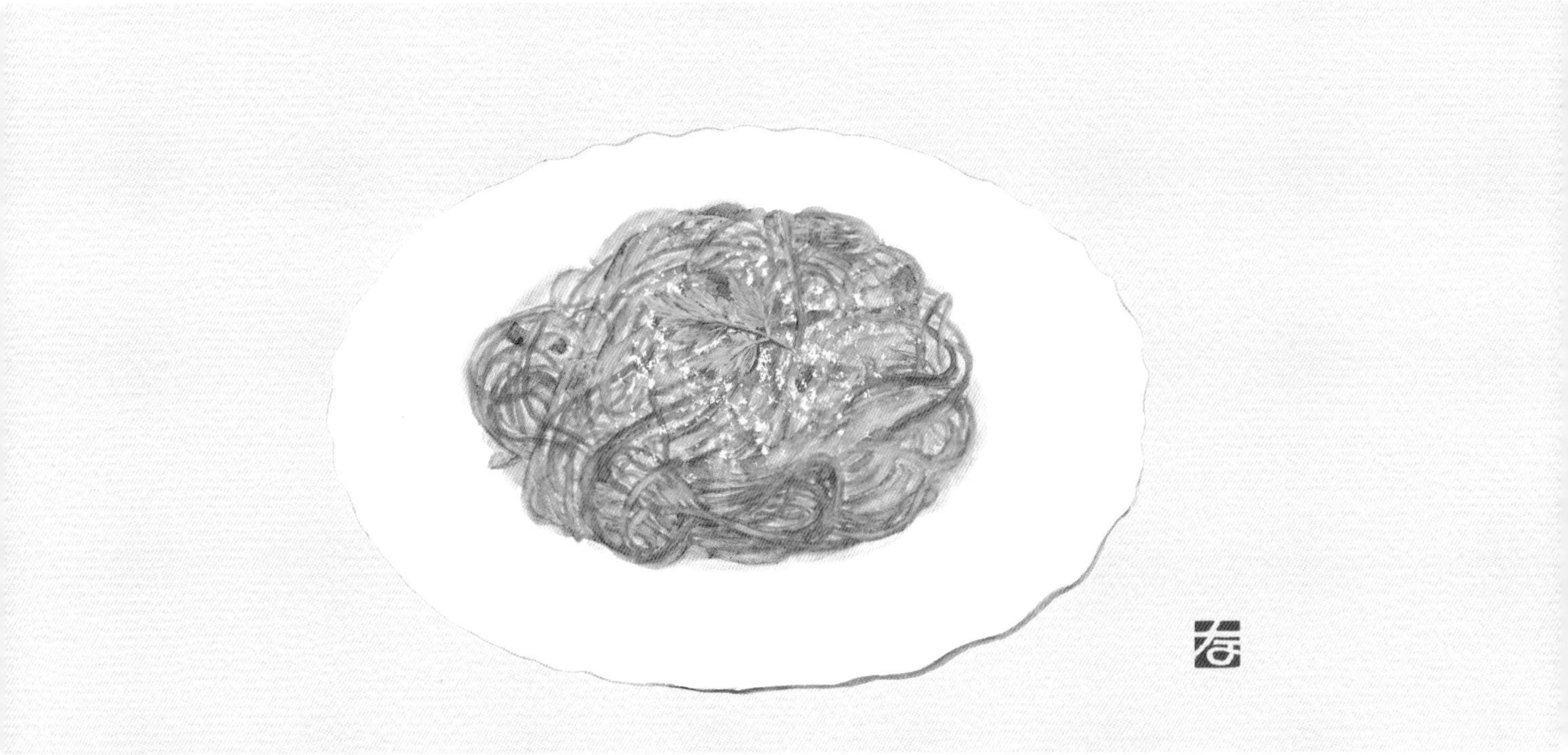

〈 ピーマン 〉

1 横に2等分してへたを残したまま縦に2等分する。

2 へたと種とわたを取り除く。

3 上部に数か所切り込みを入れ、平らにしてから繊維に沿ってせん切りにする。

〈 トマト 〉

1 芯をくりぬいて切り口が下になるように置き、端の方から1cm幅に切っていく。

2 包丁の向きをかえ1cm角のさいの目切りにする。

作り方

1 熱したフライパンにオリーブオイルを入れ、にんにくを炒める。

2 にんにくが色付いたらベーコンを入れる。

3 ベーコンに火が通ったら玉ねぎを入れる。

4 玉ねぎが透き通ってきたらピーマンを入れて炒める。

5 野菜に火が通ったらゆで上がったスパゲティを入れる。

6 ウスターソースを加え炒める。

7 トマトケチャップを加え、ケチャップの水分をとばす。

8 さいの目切りにしたトマトとコンソメを加え炒める。

9 最後にバターを加える。

10 スパゲティにバターが溶けてなじんだら皿に盛る。

11 イタリアンパセリを適量添え、好みで粉チーズをかける。

明治、大正、昭和、そして平成から令和の時代へと受け継がれる逸品メニュー。

梅雨晴や
ところところに
蟻の道

食欲そそる梅の煮魚

材料（4人分）

いわし…4尾

梅干し（大粒）…2個

煮汁

★しょうゆ…大さじ2

★酒…大さじ2

★みりん…大さじ1

★砂糖…小さじ1と½

★水…1カップ

下ごしらえ

〈いわしの水洗い〉

1 新聞紙を敷き、いわしの頭が左になるように置く。

2 左手で頭を固定し、包丁の先で、うろこをこそげとる。

3 胸びれに切り込みを入れ、頭を切り落とす。

4 頭部から尾部に向かって腹側に包丁を入れ内臓をとる。

5 腹部の血合いや残った内臓を手早く洗う。

6 ペーパータオルで水気を拭きとる。

作り方

1 鍋にいわしが重ならないように頭と尾を交互になるように並べる。

2 煮汁★を加え、梅干しを入れて強火にする。

3 煮立ったら落としぶたをして中火（弱め）にして、15分～20分ほど煮る。

4 時々、煮汁を回しかけながら、汁が少なくなるまで煮詰める。

5 器に梅干しといわしを盛る。

いわしには、マイワシ、カタクチイワシ、ウルメイワシなどがあり、DHA、EPA、カルシウムやビタミンB2が豊富。つみれやハンバーグにしても美味♡

夕涼
小魚のせたる
扇哉

シンプル！冷めても美味しい！ピーマンのじゃこ炒め

材料（4人分）

ピーマン…4～5個

にんじん…½本

ちりめんじゃこ…40～50g

ごま油…小さじ1

しょうゆ…小さじ1

作り方

1 ピーマンは種を取って、繊維の方向に細切りにし、にんじんはせん切りにする。

2 フライパンにごま油をひき、ピーマンとにんじんを炒め、しんなりしたらじゃこを入れ、しょうゆを混ぜる。

ちりめんじゃこは、カルシウムやビタミンDが多く美味しいこと限りなし。野菜といっしょに炒めれば栄養バランス最上級♡

ヘルシー！カラフルピーマンで
免疫力 UP ！ピーマンの炒め物

涼しさや
青梅の写生、
五六枚

材料（4人分）

カラーピーマン（緑、赤、黄、オレンジ）…各色4個ずつ
厚切りベーコン…約160g
オリーブオイル…適量
しょうゆ…小さじ2
塩…適量
こしょう…適量

下ごしらえ

〈 ピーマン 〉

1 へたを残したまま縦に2等分する。
2 手でへた、種、わたをとり除く。
3 切り口を上にして、へたのあった部分に小さく切り込みを入れる。
4 今度は切り口を下にして縦に置き、繊維に沿って細切りにする。

〈 厚切りベーコン 〉

棒状1cmぐらいの食べやすい大きさに切る。

作り方

1 フライパンにオリーブオイルを入れ、中火でベーコンを炒める。
2 ピーマンを加え炒め合わせる。
3 しょうゆ、塩、こしょうを加えて味を調える。
4 彩りよく器に盛り完成。

ピーマンの旬は6月から8月ごろ。夏野菜の1つ。ビタミンCが豊富。
美容と健康におすすめの野菜♡

オシャレな一口サイズのおもてなし
プチトマトのカプレーゼ風

赤き薔薇
白き薔薇皆
さみだる、

材料（4人分）

プチトマト（黄）…8個
フルーツトマト（赤）…4個
モッツァレラチーズ…100g
ベビーリーフ…適量
芽ねぎ…適量
エキストラバージン
オリーブオイル…大さじ4
粗挽き黒こしょう…適量
塩…適量

下ごしらえ

〈 プチトマト 〉

1 へたをとり除き、2等分する。
2 ペーパータオルで水気をとる。

〈 フルーツトマト 〉

1 へたをとり除き両端を切り落とし、輪切りで3等分にする。
2 ペーパータオルで水気をとる。

〈 モッツァレラチーズ 〉

カットしたトマトに合わせて食べやすい大きさに切りそろえる。

作り方

1 大皿を用意し、下から、モッツァレラチーズ、ベビーリーフ、トマト、芽ねぎの順に重ねる。
2 上からエクストラバージンオリーブオイルをかけ、粗挽き黒こしょうと塩で味を調える。

プチトマトは栄養価が高い。プチトマトには、黒トマトのブラックチェリー、イエローアイコ、チェリースノーボール、アメーラ・ルビンズ、グリーンなど種類も豊富。

我思ふ人の姿よ花《はな》卯《う》木《づき》

栄養満点！
おからとたまごのサラダ

材料（4人分）

おから…100g
卵…2個
にんじん…½本
きゅうり…½本
魚肉ソーセージ…1本（50g）
マヨネーズ
…大さじ3〜4（45〜60g）
塩…少々
ピンクペッパー…適量

用意する道具:

ハート型の型抜き
（またはお好みの型抜き）

下ごしらえ

〈 卵 〉

1 卵は冷蔵庫から出して常温に戻す。
2 鍋に水を入れ沸騰したら卵を入れ12〜13分程度茹でる。
3 固茹で卵を作る。
4 熱いので水で粗熱を取り、殻をむく。
5 粗めに刻む。

〈 きゅうり 〉

1 横½に切り、端を切り落とす。
2 表面のいぼを軽く削り落とす。
3 横にして端から薄い小口切りにする。
4 ボウルに **3** を入れ塩をひとつまみ加える。
5 しんなりしたら、ふきんでくるみ、しっかりと水気をしぼる。

〈 おから 〉

ボウルに入れ、スプーンなどでほぐす（フードプロセッサーがあれば20秒程度かけると口あたりがなめらかになる）。

〈 にんじん 〉

1 ½に切り、端を切り落とす。
2 ピーラーで皮をむく。
3 横にして厚さ3㎜程度の輪切りにし、型を抜く。
4 鍋にかぶるくらいの水と **3** を入れ沸騰させる。
5 中火にして塩をひとつまみ加え、やわらかくなるまで茹でる。
6 粗熱がとれたら好みの型で抜く。

〈 魚肉ソーセージ 〉

3㎜程度の輪切りにして好みの型で抜く。

作り方

1 ボウルに下ごしらえした卵、きゅうり、おからを入れマヨネーズを加え和える。
2 塩を少々加え、味を調える。
3 にんじんとソーセージとピンクペッパーを彩りよく盛り付ける。

おからの利用法。豆腐ハンバーグの具材にOK。カロリーオフのクッキーを作る時にもGood!

お手軽！
ナスとトマトのこんがりチーズ焼き

材料（4人分）

ナス…4本

トマト…2個

とけるチーズ…100g

オリーブオイル…適量

作り方

1 ナスとトマトは3㎜幅の斜め切りにする。

2 フライパンにオリーブオイルをひき、ナスとトマトを炒める。

3 **2** の具を中央に寄せ、その上にチーズをかけ蓋をし、チーズがとけたら出来上がり。

夏野菜の時短メニュー！
オーブントースターで焼くとこんがり美味しさUP！

真黒に
茄子ひかるや
夏の月

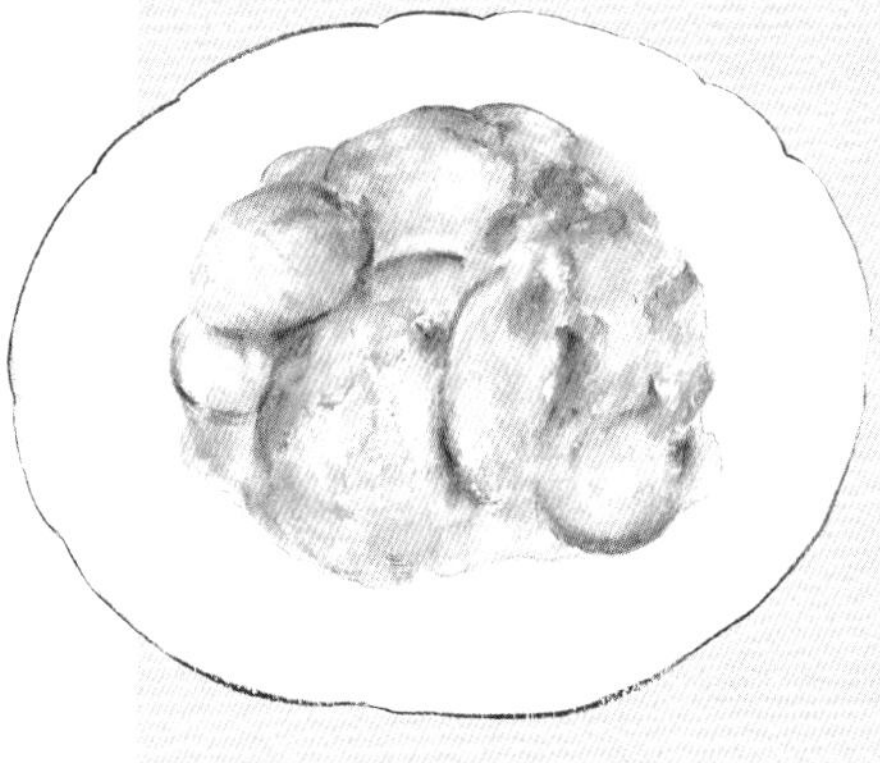

ウチ飲み時短にオススメ♡
いかとオクラのネバネバ和え

材料（4人分）

いか…150g

オクラ‥6〜7本

めんつゆ…大さじ1

かつお節…適量

作り方

1 いかは茹でて、縦3㎝幅0.5㎝に切る。

2 オクラは茹でて、3〜5㎜幅の輪切りにする。

3 ボウルに **1** 、**2** を加えめんつゆとかつお節を混ぜ合わせる。

いかもオクラも栄養たっぷりなパワー食材。疲れた時に作りたい逸品レシピ。

若葉青葉
魚のぞきつゝ
遡《さかのぼ》る

どれもこれも
うれし小茄子
大茄子

相性抜群！
白みそと賀茂なすの田楽

材料（4人分）

賀茂なす…2個

サラダ油…40mℓ

田楽みそ

★白みそ…大さじ5

★砂糖…大さじ2

★みりん…小さじ2

★酒…小さじ2

卵黄…2個

白ごま（すりつぶしたもの）…適量

下ごしらえ

〈 賀茂なす 〉

1 両端を切り落とし、横に半分に切る。

2 竹串で火が通りやすいように数か所刺す。

3 切り口の面に十字に浅く切り込みを入れる。

4 ボウルに水を入れ **3** を水にさらす。

〈 田楽みそ 〉

1 鍋に★を入れ混ぜる。

2 焦がさないように弱火で煮詰める。

3 水分が飛んでポッタリしたら、卵黄を加え弱火のまま練る。

4 火を止め白ごまを加えて混ぜる。

作り方

1 水にさらした賀茂なすの水分をしっかり拭き取る。

2 フライパンを熱し、サラダ油を入れ、油が温まったら **1** を入れる。

3 じっくり揚げるように焼いていく。

4 焼き色がついたら裏面にも火を通す。

5 なすに田楽みそをのせ、グリルで軽めに焼き色がつくまで焼く。

6 器に盛り出来上がり。

賀茂なすは、肉厚で甘味あり。味わい深くその姿かたちも見目麗しい。

卯の花を
めかけてきたか
ほとゝきす

ビタミン豊富！夏野菜でパワーチャージ！
夏野菜入り卯の花

材料（4人分）

おから…150g
生しいたけ（中）…2枚（40g）
ピーマン（小）…2個（40g）
乾燥ひじき（芽ひじき）…2〜3g
（戻したひじきなら15〜20g）
にんじん…$\frac{1}{3}$本
だし…1カップ
★しょうゆ…大さじ1
★砂糖…大さじ1
★みりん…大さじ1
塩…適宜
サラダ油…適量

下ごしらえ

〈 生しいたけ 〉

1 軸を切り落とす。
2 ひだを下にして薄切りにする。

〈 ピーマン 〉

1 縦に2等分する。
2 へたとわたを取る。
3 へたのあった部分に小さな切り込みを入れる。
4 切り口を下にして繊維に沿ってせん切りにする。

〈 乾燥ひじき 〉

1 水洗いする。
2 たっぷりの水に浸す。
3 20分ほど置く。
4 やわらかくなったら、ざるに上げる。
5 流水で洗い、しっかり水気を切る。

〈 にんじん 〉

縦に薄く切り、繊維に沿って2㎜くらいの細切りにする。

〈 おから 〉

1 袋から取り出し、スプーンでほぐしてなめらかにする（フードプロセッサーがあれば20秒ぐらいかける）。

作り方

1 鍋にサラダ油を熱し、にんじん、ピーマン、しいたけを炒める。
2 なじんだらひじきを加える。
3 全体に油が回ったら、おからを入れる。
4 パラパラになるまで炒め水分をとばす。
5 だしを加え炒め合わせる。
6 砂糖、みりん、しょうゆの順で加え、しっかりと混ぜながら煮る。
7 味を見て塩を適宜加える。
8 器に盛り完成。

一日の食事に食物繊維をプラスしたい時にオススメの一品。

一匙《ひとさじ》の
アイスクリムや
蘇《よみがえ》る

魅惑のフレンチトーストとアイスクリーム添え
（おいりパフェ）

材料（4人分）

フレンチトースト用

食パン（6枚切り）…1枚
★卵（Mサイズ）…1個
★牛乳…70mℓ
★生クリーム…30mℓ
★砂糖…大さじ1
☆バター…小さじ1
☆サラダ油…小さじ2

白桃の缶詰…1缶（小）
さくらんぼの缶詰…1缶（小）
おいり…適量
チョコレートソース…適宜
アイスクリーム…適量
生クリーム…200mℓ
◆砂糖…大さじ1
◆氷…適量

作り方

〈 フレンチトースト 〉

1 食パンを4等分する。
2 ボウルに★を入れ、よく混ぜる。
3 ざるや茶こしで **2** をこす。
4 バットに **3** を入れ、**1** を浸す。卵液を十分にしみこませる。
5 ラップをして冷蔵庫で1時間ほど休ませる。
6 フライパンに☆を入れ、全体にまんべんなく油がまわったら、弱火で **5** を7分ほど焼く。
7 きれいな焼き色がついたら、ひっくり返し、裏面も同様に焼く。
8 皿に移し、粗熱を取る。
9 4等分した1切れの中央部に軽く十字に切り込みを入れる。

〈 クリーム 〉

10 ボウルに入れた生クリームは砂糖を加え、氷水を入れたボウルに入れて泡立て、冷蔵庫に入れておく。
11 薄くスライスした白桃をフレンチトースト **9** の上に置き、その上に好みのアイスクリームをのせる。
12 さくらんぼとおいりを飾る。
13 好みの口金を付けた絞り出し袋に **10** を入れ、デコレーションする。
14 最後にチョコレートソースをかけ出来上がり。

おいりは香川県の伝統のお菓子。ふわりとした食感で、見た目もキレイ。色も様々。甘さ控え目。

甘酸っぱい初恋の味、はちみつレモン♥ For you

氷売る
声聞きて家の
あつさ哉

材料（2人分）
レモン（輪切り）
…4枚（トッピング用）
レモン果汁…小さじ1
ネーブルオレンジ（輪切り）
…4枚（トッピング用）
ネーブルオレンジ果汁…大さじ1
冷凍ライム（くし切り）…適量
はちみつ…大さじ2
シロップ…大さじ1
炭酸水…200mℓ
ポッキー…2本
氷…適量

レモンには、ビタミンCやクエン酸が多く含まれ、風邪予防や疲労回復に効果アリ。

下ごしらえ
〈 レモン 〉
流水で洗う。へたを切り落とし、薄切りの輪切りにする。残りの部分で果汁を搾る。
〈 ネーブルオレンジ 〉
流水で洗う。へたを切り落とし、薄切りの輪切りにする。残りの部分で果汁を搾る。

作り方
1 小鍋にはちみつ、シロップ、果汁を入れ、弱火でひと煮する。
2 粗熱をとり冷ます。
3 グラスに氷とトッピング用のレモン、オレンジ、ライムを入れ 2 を加え、炭酸水を注ぐ。
4 ポッキーを添えて出来上がり。

みんなニッコリ！幸せいっぱい桃のコンポート

白桃の
露や花なる
花や露

材料（2人分）
桃…1個
★水…180mℓ
★グラニュー糖…40g
レモン果汁…大さじ1
生クリーム…適量
さくらんぼ（缶詰）…適量
みかん（缶詰）…適量

下ごしらえ
1 流水で洗う。
2 桃の中心にある割れ目に包丁を入れ桃の周囲に切り込みを入れる。
3 桃の内部の種と身を少しずつはがすように半分に切る。
4 この時、包丁の刃に十分注意する。
5 スプーンで種を取り除く。

作り方
1 鍋に★を入れ弱火から火を強めていく。
2 沸騰したらレモン果汁と桃を入れる。
3 10分ほど弱火で煮る。
4 バットに上げて粗熱を取る。
5 冷めたら、桃の皮をむく。
6 冷蔵庫で冷やす。
7 お好みの果物と生クリームを添えて出来上がり。

白桃の果肉はやわらかく甘い。桃の旬は6月～9月。

白露や
芋の畠の
天の川

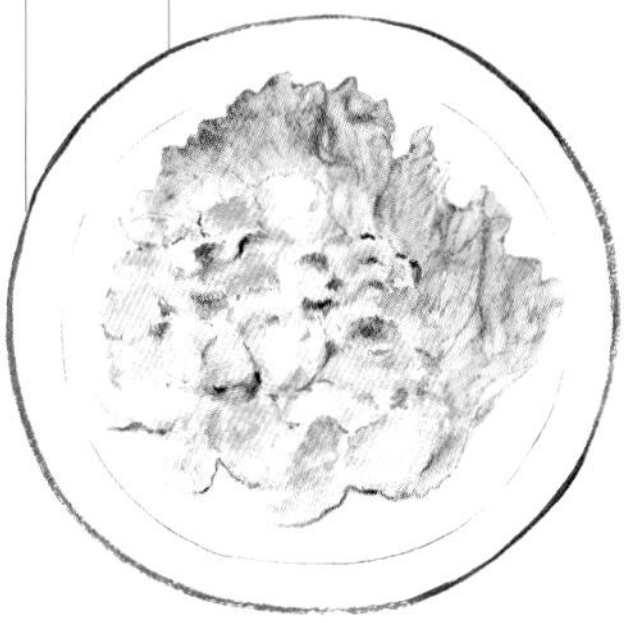

ホクホクしたじゃがいもは、いろんな食材と相性バツグン。バターやチーズ、マヨネーズに最適。しょうゆと砂糖で味付けしてもOK!

ポテトサラダ

材料（2人分）

じゃがいも（中）2個　にんじん（小）1本　きゅうり1本　塩適量　ハム60g　レタス適宜　マヨネーズ適量

作り方

1 じゃがいもとにんじんは縦半分に切り、おかず倍増計画にのせ、炊飯器でご飯と一緒に蒸す。
2 きゅうりを薄い小口切りにし塩をふり、ふわりと揉んで水洗いしてしぼる。
3 ハムとレタス（飾り用に少し残す）は食べやすい大きさに切る。
4 炊飯器のスイッチが切れたら、じゃがいもとにんじんを取り出してボウルの中で軽くつぶす。
5 4のボウルの中に2と3とマヨネーズを加えてよく和え、皿にレタスをしき盛りつける。

三日月の
頃より肥ゆる
子芋哉

肉じゃがは昭和の家庭料理の定番レシピ。各家庭で代々伝えられる味。大事にしたい想い出の母の味。

肉じゃが

材料（2人分）

じゃがいも（中）2個　にんじん（小）1本　牛薄切り肉100g　玉ねぎ（中）½個　しょうゆ大さじ2　みりん大さじ2　酒大さじ1　だし70㎖　砂糖大さじ1

作り方

1 じゃがいも、にんじんは半分に切り、おかず倍増計画にのせ、炊飯器でご飯と一緒に蒸す。
2 牛薄切り肉は一口大に切り、玉ねぎはくし形に切る。
3 炊飯器のスイッチが切れるのに合わせて、フライパンで牛肉を炒め色が変わったら玉ねぎも一緒に炒めて、しょうゆ、みりん、酒、だし、砂糖で少し濃いめに味付けする。蒸し上がったじゃがいもとにんじんを大きいまま加え、木杓子で切るように混ぜて味をなじませる。

風呂吹に
すべく大根の
大なる

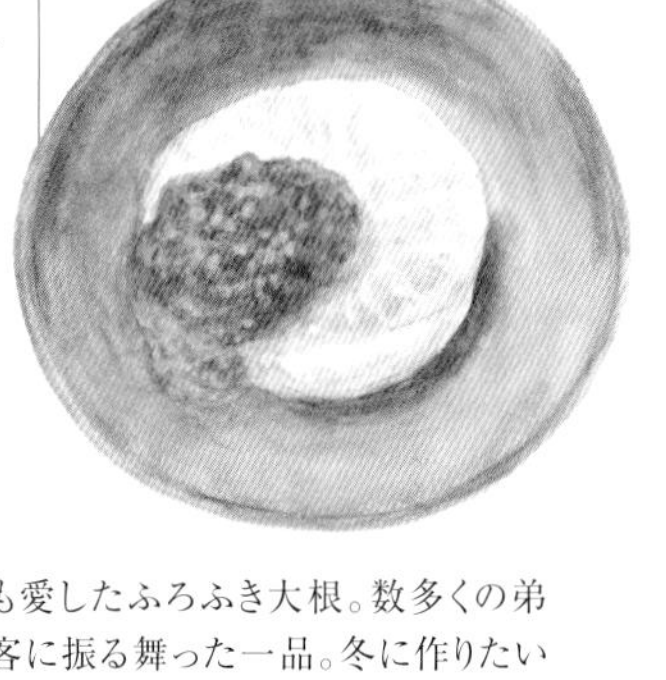

正岡子規も愛したふろふき大根。数多くの弟子や訪問客に振る舞った一品。冬に作りたい絶品レシピ。

ふろふき大根

材料（2人分）

大根¼本　すりごま大さじ1　みそ（白）大さじ1　すし酢適量

作り方

1 大根は皮をむき、2㎝幅の輪切りにし隠し包丁を入れ、おかず倍増計画にひと並べして炊飯器でご飯と一緒に蒸す。
2 みそとすりごまを混ぜ、すし酢で好みの柔らかさにのばしておく。
3 蒸し上がった大根を器に盛り、2を大根の肩から垂れるようにかける。

秋

ー山粧うー

雑談《ざつだん》の
間に栗の
焼《や》けるべく

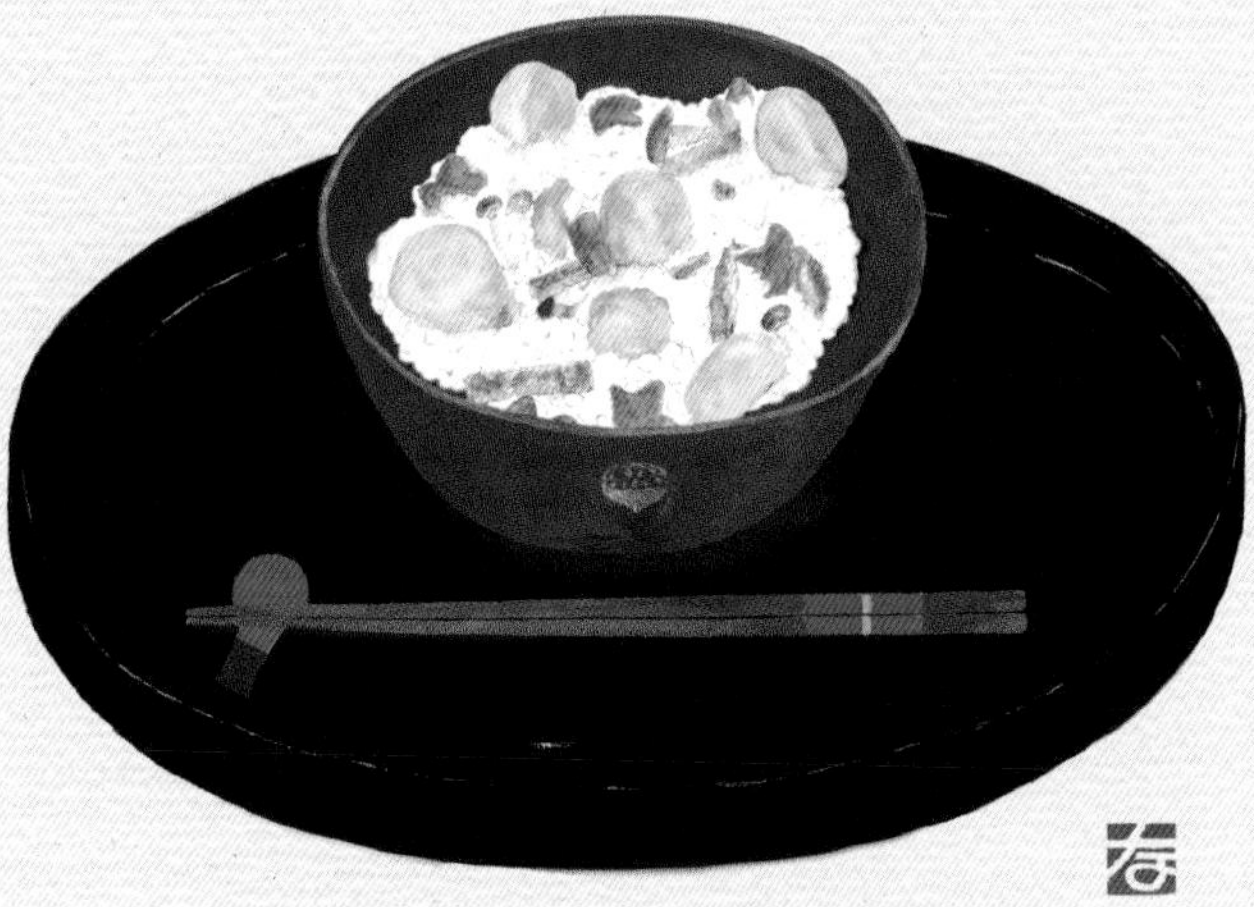

秋本番！栗入り炊き込みご飯

材料（4人分）

米…2合
栗（甘露煮）…12個
しめじ…½パック
にんじん…½本
油揚げ…1枚（16～20g）
★しょうゆ（薄口）…大さじ1
★酒…大さじ1
★甘露煮シロップ…大さじ1
★だし…約2カップ
木の芽…適宜

準備する道具:

型抜き（紅葉型）

下ごしらえ

〈 しめじ 〉

1 石づきを切り落とす。
2 手でほぐし1～2本ずつにさく。

〈 栗 〉

余分な水分をペーパータオルで拭き取る。

〈 にんじん 〉

1 ½にして、へたを切り落とし、ピーラーで皮をむく。
2 横にして置き1㎝厚さの輪切りにする。
3 紅葉の型抜きかお好みの型抜きで抜く。

〈 油揚げ 〉

1 湯にくぐらせ油抜きをしたら、ざるに上げて粗熱をとる。
2 ペーパータオルで余分な水分を拭き取る。
3 横に置き横½に切る。
4 垂直に向きを変え幅1㎝ほどの短冊切りにする。

作り方

1 炊飯器に米、しめじ、栗、にんじん、油揚げと★を入れ炊く。
2 炊き上がったら、底面からしゃもじですくい具材とご飯を混ぜ合わせる。
3 器に盛り付け木の芽を添える。

収穫されたばかりの栗は、外皮に光沢があり艶やか。
栗には、炭水化物やビタミン類が豊富で、皮にはタンニンが多く含まれる。

稲の穂の
うつむく程に
みのりけり

Let's enjoy! 亀田の柿の種ふりかけクッキング♡ みんな大好き亀田の柿の種おにぎり

材料（3個分）

温かいご飯…茶碗大盛り3杯
（約300g）
練り梅（チューブ）…適量
海苔の佃煮…適量
青じそ（チューブ）…適量
亀田の柿の種
（砕いたふりかけ）…60g

下ごしらえ

〈 亀田の柿の種・おかき 〉

1 亀田製菓株式会社の柿の種専用のふりかけマシン、フリカキッズで60gをふりかけにする。
2 ふりかけをバットに広げる。

作り方

1 碗におにぎり1個分の半量のご飯を入れ、中央部に練り梅を置く。
2 上から残りのご飯をかぶせる。
3 手に水をつけ、碗のご飯を片手にとり、軽くにぎる。
4 丸くにぎりバットの上にころがし、ふりかけをつける。
5 おにぎりの上部に練り梅を添える。
6 同様に海苔の佃煮と青じそも作る。

亀田の柿の種のふりかけとおにぎりがベストマッチング。亀田の柿の種の味も梅しそ、わさびと多種多様。

秋の雲
いよいよ高く
登りけり

お箸が止まらない定番の味
チキンラーメン♡

材料（4人分）
チキンラーメン…4袋（340g）
水…1600mℓ
温泉たまご（市販品）…4個
カイワレダイコン…適量

下ごしらえ
〈 器 〉
ラーメン用の器に湯を注ぎ
容器を温めておく。

〈 カイワレダイコン 〉
1 ボウルに水を入れ、カイワレダイコンのスポンジの辺りを持ち、葉の先端を水につけて振り洗いする。
2 スポンジの辺りを切り落とす。
3 ボウルの水の中で、カイワレの切った根元部を洗う。
4 しっかりと種子の皮を落とす。

作り方
1 器にチキンラーメンを入れる。
2 熱湯400mℓを器に注ぎふたをする。
3 3分ほどしたらふたを取る。
4 中央部に温泉たまごとカイワレダイコンをのせる。
5 再度ふたをして30秒ほど待つ。
6 蒸らして出来上がり。

チキンラーメンが誕生したのは、1958年。世界初のインスタントラーメン。チキンラーメンの上にはやっぱりたまごです。さらに好みの野菜や肉をトッピングにしても美味しい。ひよこちゃんが目印♡

かぼちゃの甘味じわッ！
秋かぼちゃのみそ汁

材料（4人分）

かぼちゃ…300g
玉ねぎ…½個
みそ…大さじ4
ねぎ…適量
だし…500㎖

作り方

1 かぼちゃの種とわたを取り除く。
2 かぼちゃは食べやすい大きさに切る。
3 玉ねぎはくし切りにする。
4 鍋にだしを入れ煮立ったら **2** を入れ中火で煮る。
5 5分ほどしたら **3** を入れ再び煮立ったら火を止めてみそを溶く。
6 最後に小口切りしたねぎを入れて出来上がり。

かぼちゃと相性の良い具材は、玉ねぎの他に、ほうれんそう、にんじん、なす、鶏肉など。具だくさんみそ汁に簡単アレンジ。

鉢植の
南瓜をつくる
床屋哉

ギョーザ入りあつあつスープ

材料（4人分）

白菜…100g
にんじん…½本
しいたけ…4枚
ねぎ…適量
★しょうゆ…大さじ1
★中華スープの素…大さじ1
★水…2カップ
塩…適量
こしょう…適量
ギョーザ（P.49参照）
…8〜12個

下ごしらえ

〈 白菜 〉芯の固いところは取り除き、ざく切りにする。
〈 にんじん 〉短冊切りにする。
〈 しいたけ 〉そぎ切りにする。
〈 ねぎ 〉小口切りにする。

作り方

1 鍋に★を入れ沸騰したら白菜、にんじん、しいたけを加え、やわらかくなるまで煮る。
2 ギョーザ（P.49参照）を加え煮る。
火が通ったら塩とこしょうで味を調え、最
3 後にねぎを入れて出来上がり。

白菜は、芯と葉の固さが違う。火の通り時間が異なるので注意！葉部のざく切りは煮物など。芯部は、炒め物などに向いている。

一日は
何をしたやら
秋の暮

松蕈《まつたけ》や
京の下宿の
土瓶蒸

松茸の香りがほんのり！
秋の一人鍋

材料（1人分）

煮汁

★薄口しょうゆ…小さじ1
だし…180mℓ
塩…少々

えび（殻付き）
（むきえびでもよい）…1匹
鱧（骨切り）…2～3切れ
酒…小さじ1
松茸…$\frac{1}{4}$～$\frac{1}{2}$本
ぎんなん（水煮）…2個
三つ葉…少々
すだち…2個

調理器具：小鍋

下ごしらえ

〈 すだち 〉

1 流水で洗い、横に2等分する。
2 切った断面にVの字の切り込みを入れておくと搾りやすい。

〈 松茸 〉

1 根元を薄く削ぎ取り、表面の汚れを拭き取る。
2 笠が下で根元を上にして、中央に切り込みを入れる。
3 手で松茸をさき、食べやすい大きさにする。

〈 鱧 〉

骨切りしてある鱧を約2cm幅に切る。

〈 えび 〉

1 殻をむき、背の2節目あたりに爪楊枝を刺し、背わたを引っぱり取る。
2 食べやすい大きさに切る。

作り方

1 小鍋にだしを入れ、沸騰したら★を加え塩で味を調える。
2 1にぎんなんと松茸とえびを入れる。沸騰したら鱧と酒を入れる。吹きこぼれに注意。
3 火が通ってきたら、三つ葉を散らし、ふたをして蒸らす。
4 鍋つかみを使って火から降ろし、すだちを添える（取手が熱いのでヤケドに注意）。

松茸がない時は、きのこ類（しめじやエリンギ）でもOK!秋に食べたい一品料理。

秋の味覚！さんまの塩焼き

秋立つ日
鳥に魚を
取られけり

材料（4人分）

生さんま…4尾

塩…小さじ2

サラダ油…適量

下ごしらえ

1 流水でさんまを洗って水気を拭く。
2 さんま全体に30～40cm上から塩をまんべんなく振る。
3 20分ほどして、さんまから出た水分をしっかりペーパータオルで拭き取る。

作り方

1 グリルで焼く時に、網にサラダ油を薄く塗りつける。
2 中火で焼き5～6分後きつね色になったら裏返してさらに5～6分ほど焼く。

さんまは塩焼きも美味しいが、酒、しょうゆ、みりん、砂糖で煮詰めたさんま煮も美味♡EPA（エイコサペンタエン酸）やDHA（ドコサヘキサエン酸）が多く、血液サラサラ効果あり♡

イチオシメニュー！また作りたい 万願寺とうがらしの炒め物

唐辛子に
朝日さしたる
飯時分

材料（4人分）

万願寺とうがらし
…赤・緑各6本

しらす…100g

煮汁

★酒…大さじ2

★砂糖…大さじ1

★薄口しょうゆ…大さじ1

★だし汁…40mℓ

サラダ油…適量

作り方

1 万願寺とうがらしは半分に斜め切りする。
2 フライパンに油を熱し 1 を入れて炒める。
3 油がなじんだらしらすを加え、中火で炒める。
4 だし汁、砂糖、酒、薄口しょうゆを入れ、煮汁がなくなるまで炒める。

ブランド京野菜の1つ。万願寺とうがらしは、ほんのりと甘みがあり青臭さがない。夏に旬を迎えるが9月下旬まで楽しめる。

白露や
原一ぱいの
星月夜

必勝！元気の定番、とんかつ！

材料（4人分）

豚ロース肉…4枚（約400g）
塩…少々
こしょう…少々
キャベツ…4枚（約200g）
とんかつソース…適量
すりごま…適量

衣

小麦粉…適量
卵（Lサイズ）…1個
パン粉（細目）…$1\frac{1}{2}$カップ

下ごしらえ

〈 キャベツ 〉

1 切りやすいように同じ大きさにそろえ何枚か重ねる。
2 繊維が縦になるように幅1㎜ぐらいのせん切りにする。
3 ボウルに水を入れ、キャベツを水にさらす。
4 ざるに上げて水気をきる。

〈 肉 〉

脂肪と赤身の間にある筋を切る。
塩、こしょうを両面にふる。

作り方

1 小麦粉、とき卵、パン粉の順にバットを並べる。
2 肉の全体に小麦粉をつけ、とき卵にくぐらせた後、パン粉をかぶせる。
3 余分なパン粉は落とす。
4 フライパンにサラダ油を2～3㎝ほどの深さに入れる。
5 170～175℃の中温に熱する。
6 肉を入れ約2分間揚げる。返して2分ほど揚げる。きつね色に色づき、泡が少なくなるまで数回返しながら揚げる（約6分強）。
7 チリチリと高い音がしてきたらバットに上げて油をきる。
8 キャベツを盛り付け肉を添える。
9 とんかつソースにすりごまを混ぜて出来上がり。

豚肉は疲労回復のためのビタミン類が豊富。アリシンを含む野菜（玉ねぎ、にんにく）と合わせるとビタミンの吸収率がUP!

菜畑や
小村にかゝる
天の川

激ウマ！パリパリ焼ギョーザ

材料（4人分）

ギョーザの皮…24〜32枚
豚ひき肉…200g
白菜…200g
細ねぎ…20㎝

下味

★しょうゆ…小さじ1
★酒…大さじ1
★中華スープの素…小さじ1
★ごま油…大さじ1
★こしょう…適量
★にんにく（チューブタイプ）…小さじ1

小麦粉…小さじ1
水…100〜120㎖
サラダ油…適量

下ごしらえ

〈 白菜 〉
厚くて固い芯は取り除き、みじん切りにする。

〈 細ねぎ 〉
1 根を切り、小口切りにする。
2 ボウルに水を入れ、**1** を加え水にさらす。
3 ざるに上げてしっかりと水気をきる。

〈 水溶き小麦粉 〉
水に小麦粉を入れ溶いておく。

作り方

1 ボウルに豚ひき肉、白菜、細ねぎと★を入れ混ぜる。
2 粘り気が出るまでよく混ぜる。
3 皮にたねを大さじ1（少なめ）のせ、ひだを作りながら包み込む。
4 縁に水をつけて皮を閉じる。
5 フライパンに油を熱し、ギョーザを並べる。
6 中火（強め）で焼き色がつくまで焼く。
7 水溶き小麦粉を回しかけふたをして蒸し焼きにする。
8 水気がなくなってきたら、ふたを取って少量の油をフライパンの側面から入れる。
9 パリッと焼き裏面の焼き目を上にして盛りつける。

焼きギョーザに合う調味料は、ポン酢しょうゆ、柚子こしょう、味噌だれなど。定番は、しょうゆと酢とラー油の組み合わせ。

野分して
牛蒡《ごぼう》大根の
うまさ哉

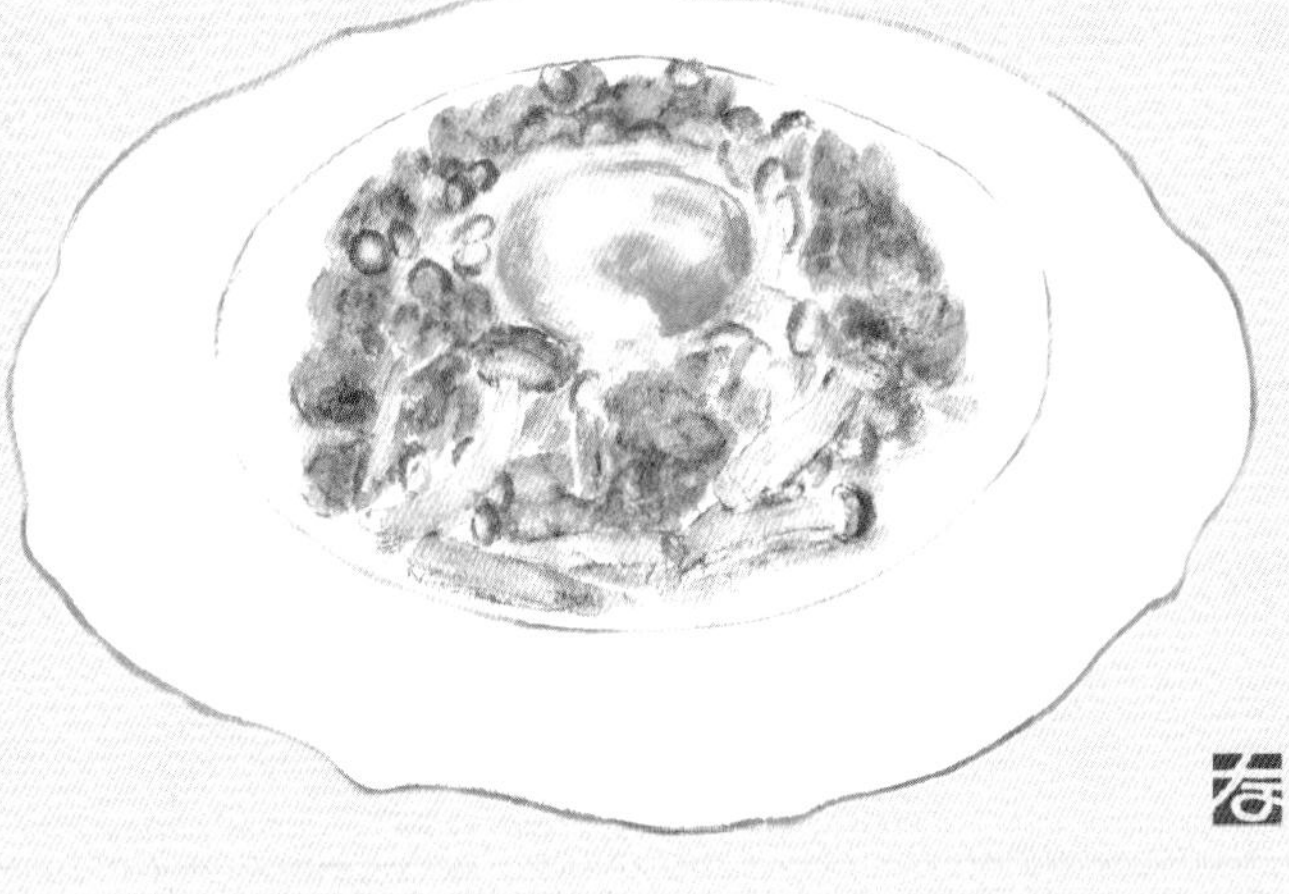

秋の恵み！ごぼうとしめじの牛肉炒め（温泉玉子のせ）

材料（4人分）

ごぼう…200g
しめじ…1パック
牛肉…400g
卵…4個
★めんつゆ…50mℓ
★水…150mℓ
★砂糖…大さじ2
★酒…大さじ1
万能ねぎ…適量
サラダ油…適量

作り方

1. ごぼうはささがきにし、水につけアクを取り、下茹でしておく。
2. 卵は鍋に水を入れ沸騰したら中火にして5分茹でる。
3. しめじは石づきを落とし、食べやすいように割き、ねぎは小口切りにする。
4. フライパンに油をひき、下茹でしていたごぼうと牛肉を火が通るまで炒め、しめじを加える。
5. **4** に★の調味料を加えて味をしみこませる。
6. 器に **5** を盛り、ねぎをかけ半熟卵をのせて完成。

ご飯に合う絶品メニュー。食物繊維とタンパク質が豊富なスタミナ食。

名月や
竹も光明
かくや姫

オススメ！いつものちくわが美味しく変身！
絶品メニューのちくわサラダ

材料（4人分）

じゃがいも（大）…2個
玉ねぎ…⅓個
にんじん（中）…½個
茹で卵…1個
サラダ油…適量
塩…適量
こしょう…適量
マヨネーズ…大さじ3
ちくわ（大）…6本

天ぷら衣

小麦粉…50g
卵…1個
水…75mℓ

揚げ油…適量
塩トマト（熊本産）…適量
（なければお好みのもの）

<クッキングアドバイス>
味は少し濃いめが美味しい。具に生ものや水分の多い物は向かない。ちくわの上下とはみ出したサラダをしっかりかためること。詰めたちくわを2本の指で持ち上げ簡単にグニャッとならないように。はみ出し具合に注意。

作り方

1 卵は硬めに茹でる。粗目のみじん切りにする。
2 じゃがいもは皮をむき幅2cmの角切りにし、皿に入れラップをかけ約2分加熱する。さらに鍋にじゃがいもと塩を入れて、ポテトマッシャーで潰しておく。
3 にんじんは2mm程度のせん切りにし、ラップをかけ電子レンジで1分加熱する。
4 玉ねぎはみじん切りにする。
5 フライパンに油をひき **4** の玉ねぎを炒め火が通ったら、**3** のにんじんを加え、塩、こしょうで下味をつける。
6 潰したじゃがいもに、炒めた玉ねぎとにんじん、**1** を加え、マヨネーズを入れ混ぜる。
7 ちくわに縦の切れ目を入れ、指で切り目を開きながらこの輪の部分にポテトサラダをさじでかためながら詰める。
8 ちくわの長さが浸かる位の深さのある皿を用意し、天ぷら衣を作りポテトサラダを詰めたちくわをくぐらせる。このとき、サラダがちくわの両端から顔を出した部分にも衣をつけておかないと揚げたときバラバラになる。
9 天ぷら油が180℃の温度に達したら2〜3分揚げる。ポテトサラダのはみ出した面が下向きになりやすいので回転させながら全体を均一にする。具は全て火が通っているので衣とちくわに火が通ってきつね色になったら出来上がり。
10 付け合わせにレタスと熊本産の塩トマトがベストマッチ。
11 具にチーズやかにかま、青じそ、パセリのみじん切りを入れるなど工夫してもよい。

紅葉にも
一日にぎわし
京の秋

香ばしさプラス！
オシャレな亀田の柿の種サラダ

材料（4人分）

ゆで卵…4個
プチトマト（赤黄）
…各色4個ずつ
レタス…4枚
キャベツ…2枚
食用花…適量
ナチュラルチーズ
（キューブ小タイプ）…8〜12個
亀田の柿の種
（砕いたふりかけ）…20g

ドレッシング

白ワインビネガー…大さじ2
エキストラバージンオリーブ
オイル…50㎖
マスタード…小さじ1
グレープフルーツ果汁
…小さじ1
レモン果汁…小さじ1
塩…適量
こしょう…適量

下ごしらえ

〈 卵 〉

1 冷蔵庫から出して常温に戻す。
2 鍋に湯を沸かし、卵を入れる。
3 中弱火で9〜13分ほどゆでる。
4 食べやすい大きさの輪切りにする。

〈 プチトマト 〉

1 へたを取り除き流水で洗う。
2 ペーパータオルで水気を拭きとる。

〈 レタス 〉

1 外側から葉をはがし流水で洗う。
2 ボウルに氷水を作り、手でちぎった葉を浸す。
3 葉がシャキッとなったらボウルから取り出し、ペーパータオルで水気を拭きとる。

〈 キャベツ 〉

1 外側から2枚はがし、切りやすい大きさにそろえる。
2 繊維を縦にして、せん切りにする。
3 ボウルに水を入れ、**2** を水にさらす。
4 シャキッとしたら、水気をペーパータオルで拭く。

〈 ドレッシング 〉

1 ボウルに白ワインビネガー、マスタード、グレープフルーツ果汁とレモン果汁を入れ泡立て器で混ぜる。
2 エキストラバージンオリーブオイルを少しずつ混ぜ合わせ、最後に塩とこしょうで味を調える。

〈 亀田の柿の種のふりかけ 〉

密閉用のビニール袋に入れ、すりこぎで細かく砕く。

作り方

1 大皿に野菜とチーズとゆで卵を彩りよく盛り付ける。
2 その上から、柿の種のふりかけをかける。
3 エディブルフラワー（食用花）を添えて出来上がり。

耳より情報　亀田製菓株式会社の柿の種専用ふりかけマシン、フリカキックスで手軽に亀田の柿の種のふりかけを作れちゃう。オシャレにふりかけトッピング、お茶漬けやパスタにも最適♡

秋たつや
雨晴れて出る
月の冴

クリーミー！
かぼちゃのサラダ

材料（4人分）

かぼちゃ…¼個（400g）
ゆで卵…4個
パセリ（乾燥）…少々
塩…少々
こしょう…少々
マヨネーズ…大さじ4
しょうゆ…適宜

作り方

1 かぼちゃのわたと種をスプーンで取り除く。
2 一口大に切ったかぼちゃの皮をところどころむく。
3 **2** をさっと水洗いして耐熱容器に等間隔で並べて電子レンジ（500W）で5～6分ほど加熱する。
4 粗熱がとれたら **3** をスプーンかフォークで潰す。
5 卵は冷蔵庫から取り出し、常温に戻す。
6 鍋に水を入れ沸騰したら **5** を入れ13～15分ほどゆでる。固ゆでにする。
7 ゆで卵は粗いみじん切りにする。
8 潰したかぼちゃと **7** を混ぜ合わせる。
9 マヨネーズを加えて塩とこしょうで味を調える。
10 味をみて **9** にしょうゆを少量加えて和風しょうゆベースに仕上げる。
11 最後に乾燥パセリを振りかけ器に盛る。

かぼちゃは、炭水化物、β－カロチン、ビタミンC、ビタミンE、カリウム、食物繊維を含んでいる。免疫力アップ、美肌効果アリ♡

ものゝ香の
きのこあるべく
思ふかな

五穀豊穣
実りに感謝！具だくさん煮

材料（4人分）

しめじ…$\frac{1}{3}$パック
芽ひじき（乾燥）…30g
にんじん…$\frac{1}{3}$本
油揚げ…1枚
グリンピース（もどし豆）
…1缶（85g）
こんにゃく…40g
★しょうゆ…大さじ2
★砂糖…大さじ2
★酒…大さじ2
★みりん…大さじ2
★だし…1カップ
サラダ油…適量
木の芽…適宜

乾燥したひじきには、長い茎ひじきと短い芽ひじきがある。長いものは、約30分、短いものは、約20分かけて、水に浸して戻す。

下ごしらえ

〈 ひじき 〉

1 ひじきを水洗いし、砂やほこりを洗い流す。
2 たっぷりの水にひじきを浸す。
3 芽ひじきは20分ほど浸す。芯がなくなり、指でつぶれるぐらいのやわらかさになればOK。
4 ざるに上げ、流水で軽く洗う。
5 しっかりと水気をきる。
6 戻したひじきの水気をしっかりきらないと、炒める時に油がはねるので要注意。

〈 油揚げ 〉

1 熱湯にさっとくぐらせ油抜きをする。
2 ざるに上げて粗熱をとる。
3 しっかりと水気をきる。
4 ペーパータオルで押さえながら、余分な水分を拭き取る。

〈 しめじ 〉

1 石づきを切り落とす。
2 手で2〜3本ずつに分けてほぐす。

〈 こんにゃく 〉

1 全体に塩をまぶす。
2 5分ほど放置して、水分を出す。
3 水洗いして鍋に入れ、水を入れて3分ほどゆでる。
4 ざるに上げて粗熱をとる。

作り方

1 鍋にサラダ油を熱し、ひじきを入れ炒める。
2 全体に油がなじんだら、短冊切りのにんじんと油揚げを加えて炒める。
3 しめじ、水気を切ったグリンピース、細切りしたこんにゃくを加えて、油をなじませる。
4 ★の調味料を加え混ぜ合わせる。
5 落し蓋をして弱火で煮る。
6 味がしみ込むように煮含める。
7 煮汁がなくなってきたら火を止める。
8 器に盛り木の芽を添えて完成。

石白く
秋海棠《しゅうかいどう》の
小庭かな

節約！絶品！
とろり豆腐もやしあんかけ中華

材料（4人分）

絹ごし豆腐…1パック（300g）
（お好みで木綿豆腐でも可）

もやし…1袋（約200g）

合わせ調味料

★だし…300㎖
★酒…大さじ2
★しょうゆ…大さじ2
★砂糖…小さじ1
★みりん…小さじ1

片栗粉…大さじ1

水…大さじ1

万能ねぎ…適宜

下ごしらえ

〈 もやし 〉

1 もやしを湯で30秒ほどゆで、ざるに上げる。
2 合わせ調味料の材料★をよく混ぜ合わせる。

作り方

1 フライパンに★を入れ、中火にかける。
2 豆腐を食べやすい大きさに切り、フライパンに入れる。
3 煮立ったら、もやしを入れる。
4 全体に火が通ったら、片栗粉を水で溶いて回し入れ、とろみをつける。
5 ひと煮立ちさせ、皿に盛る（お好みで万能ねぎを散らす）。

木綿豆腐は、絹ごしに比べはっきりとした舌触りと食感が特徴的。焼いて豆腐ステーキ、炒めてゴーヤチャンプル、揚げ出し豆腐など。絹ごし豆腐は、やわらかく、なめらかな舌触りと食感が特徴的。夏に冷奴、冬には口あたりの良い湯豆腐など、2種類の豆腐を使い分けるとメニューも広がる万能食材。

畑になる
侍町や
秋茄子

後引く美味しさ！秋茄子の煮物

材料（4人分）

ナス(大)…2個
★砂糖…大さじ2
★しょうゆ…大さじ2
★酒…大さじ1
★顆粒だし…小さじ½
★水…200mℓ
ごま油…大さじ3

作り方

1 ナスは乱切りにし、水につけアクを取る。
2 フライパンにごま油をひきナスを炒め、★の調味料を加え煮る。

秋ナスは、実が締まっていて、美味しさは格別。しょうがを入れてもOK。

豆のあと
畔道ありく
月見哉

やわらかいんげん、とうろくまめのごまあえ

材料（4人分）

とうろくまめ（さやいんげん）…12〜15本
★しょうゆ（お好みで）…小さじ1
★砂糖（お好みで）…小さじ1
★すりごま…大さじ2
塩…少々

作り方

1 とうろくまめは筋を取り除く。
2 沸騰した湯に塩を入れ2〜3分ゆでる。
3 氷水に移して冷ます。
4 水気をきってペーパータオルで拭く。
5 食べやすい長さに切る。
6 ボウルに **5** を入れ★を加えてあえる。
7 好みで、しょうゆと砂糖の量を加減する。

とうろくまめとは、やわらかいんげん。さやがやわらかく、食べやすい。ごまあえにぴったりの一品。

山路の
草間に眠る
きりぎりす

気分上々！ピクニックに最適、あんバターサンド

材料（4人分）

ホットケーキミックス粉…150g
卵（Mサイズ）…1個
牛乳…100mℓ
無塩バター…40g（約3〜5mm厚さ）
あんこ（チューブタイプ）…80g

作り方

1 フッ素樹脂加工のフライパンを使用する場合、油は不要。
2 ボウルに卵を割り入れ、泡立て器で混ぜる。
3 牛乳を入れ、さらに混ぜる。
4 粉を加え、軽く混ぜる。
5 フライパンを中火に熱し、濡れた布巾の上でフライパンの底を冷ます。
6 弱火でおたま1杯分の生地を流し込む。直径10cmぐらいの生地にする。
7 弱火で約2分30秒〜3分焼き、表面にプツプツと泡が出たら、裏返す。
8 弱火で2分ほど焼き、竹串で中央部を刺して生地が付かなければ、皿に移し冷ます。
9 前述の方法で小型のホットケーキを8枚作る。
10 無塩バターを横にして置き、厚さ5mmに切る。
11 冷めた2枚の生地の1枚にあんこを約20g塗り、バターを挟んで出来上がり。

あんとバターに加えて生クリームや果物を挟んでもOK！ やみつきになること間違いなし。

豆腐屋の
豆腐の水に
もみち哉

高野豆腐の一口とんかつ風

材料（4人分）

高野豆腐6個　☆しょうが（すりおろし）小さじ1　☆にんにく（すりおろし）小さじ1　☆しょうゆ大さじ1　☆粉末昆布だし小さじ½　小麦粉大さじ3　卵2個（水小さじ2を加え、溶いておく）　パン粉2½カップ　揚げ油適量

作り方

1 高野豆腐を戻し硬く絞って、真ん中で2等分にし、さらに厚みを半分にする（4等分）。
2 大きめのボウルに☆を入れ、軽く混ぜ合わせる。**1**を入れ、高野豆腐に残っている水分を一度絞り出すようにしながら、調味料☆が均一にしみ込むようにする。
3 小麦粉は、高野豆腐から水分が出過ぎないように、やさしくまぶし付け、溶き卵、パン粉の順にくぐらせる（この状態で冷凍保存可能）。
4 油を170℃程度になるまで温め、**3**を入れ両面がきつね色になるまで揚げる（卵を控える場合は、小麦粉大さじ5と水150mℓで溶いたものを糊代わりにして、パン粉をつける）。

高野豆腐は万能食材♡煮物、炒め物、揚げ物にアレンジOK!

三日月は
たゞ明月の
つぼみ哉

菜食主義の青椒肉絲風

材料（4人分）

高野豆腐3個　☆しょうゆ大さじ½　☆しょうが（すりおろし）小さじ½　☆にんにく（すりおろし）小さじ½　☆片栗粉大さじ6程度　タケノコの水煮1パック　ピーマン3個　赤ピーマン3個　★中濃ソース大さじ1　★みそ大さじ1　★しょうゆ小さじ1　★酒大さじ1　★砂糖小さじ1～2　★野菜コンソメ粉末（昆布粉末だしでも可）小さじ½　★水50mℓ　黒こしょう少々

下ごしらえ

1 調味料★を全て混ぜておく。
2 高野豆腐を水で戻し、硬く絞ってから、厚みを半分にして拍子切りにする。
3 タケノコは、軽く湯通ししてから細切りにし、ピーマン、赤ピーマンも細切りにする。
4 調味料☆を高野豆腐に吸い戻させるように揉み込む（水分が多ければ捨てる）。

作り方

1 高野豆腐から水分が出過ぎないように、片栗粉をやさしくまぶす。
2 多めのごま油で **1** を揚げ焼きする（豆腐同士が固まることがあるが、気にせず）。
3 火が通ったら、**2**をペーパータオルの上で油切りし、フライパンは軽く油を拭き取り、野菜全てを炒める。
4 野菜に軽く火が通ったら、高野豆腐をフライパンに戻し、高野豆腐をばらしながら、合わせた調味料★を加える。
5 ソースが絡まれば、黒こしょうを振って、出来上がり。

高野豆腐はたんぱく質が豊富で豆腐を乾物にしたものなので栄養満点。工夫次第で、メニューが広がる楽しみあり♡今晩のおかずにワクワク。

冬

―山眠る―

冬の日の
雀下りけり
飯時分

おかわり必至！
旨味たっぷりとり五目炊き込みご飯

材料（4人分）

米…2合
鶏もも肉…160g
にんじん…$\frac{1}{2}$本
こんにゃく…$\frac{1}{4}$枚（90g）
ちくわ…1本
油揚げ…$\frac{1}{2}$枚（約10g）
芽ねぎ…適宜
だし…約2カップ
★しょうゆ…大さじ2
★酒…大さじ2
★みりん…大さじ1
★砂糖…小さじ1

下ごしらえ

〈 米 〉

1 米は洗って30分ほど浸水させる。
2 ざるに上げておく。

〈 鶏もも肉 〉

1 皮を下に置く。
2 筋があれば切り込みを入れる。
3 脂身が多ければ取り除く。
4 皮を下にして肉の繊維を断つように2cm幅に切る。
5 肉の向きを変え2cm幅の食べやすい大きさに切り揃える。

〈 にんじん 〉

1 にんじん1本を横にして半分に切り、へたを切り落とす。
2 ピーラーで皮をむき、さらに$\frac{1}{2}$に切る。
3 縦にして置き繊維に沿って薄く切る。
4 薄切りにしたにんじんを重ね、繊維に沿って幅3mmに切る。
5 長さ2〜3cmのせん切りにする。

〈 ちくわ 〉

横にして置き5mm幅の輪切りにする。

〈 こんにゃく 〉

1 塩をまぶして余分な水分を出す。
2 流水で洗う。
3 鍋にこんにゃくと水を入れ3分ほど下ゆでする。
4 ざるに上げて粗熱をとる。
5 横にして5mm幅に切る。
6 5mm幅に切ったものを2mm幅の細切りにする。

〈 油揚げ 〉

1 油抜きして粗熱をとる。
2 幅5mmほどの短冊切りにする。

作り方

1 炊飯器に米、鶏もも肉、にんじん、こんにゃく、ちくわ、油揚げと★を入れて炊く。
2 炊き上がったら10分ほど蒸らす。芽ねぎを添えて出来上がり。

鶏肉は低カロリーでビタミンAが豊富。鮮度のポイントは肉の色合い。きれいなピンク色がベスト。またハリとツヤの有無。肉の表面もチェック。

稲刈りて
力無き冬の
朝日かな

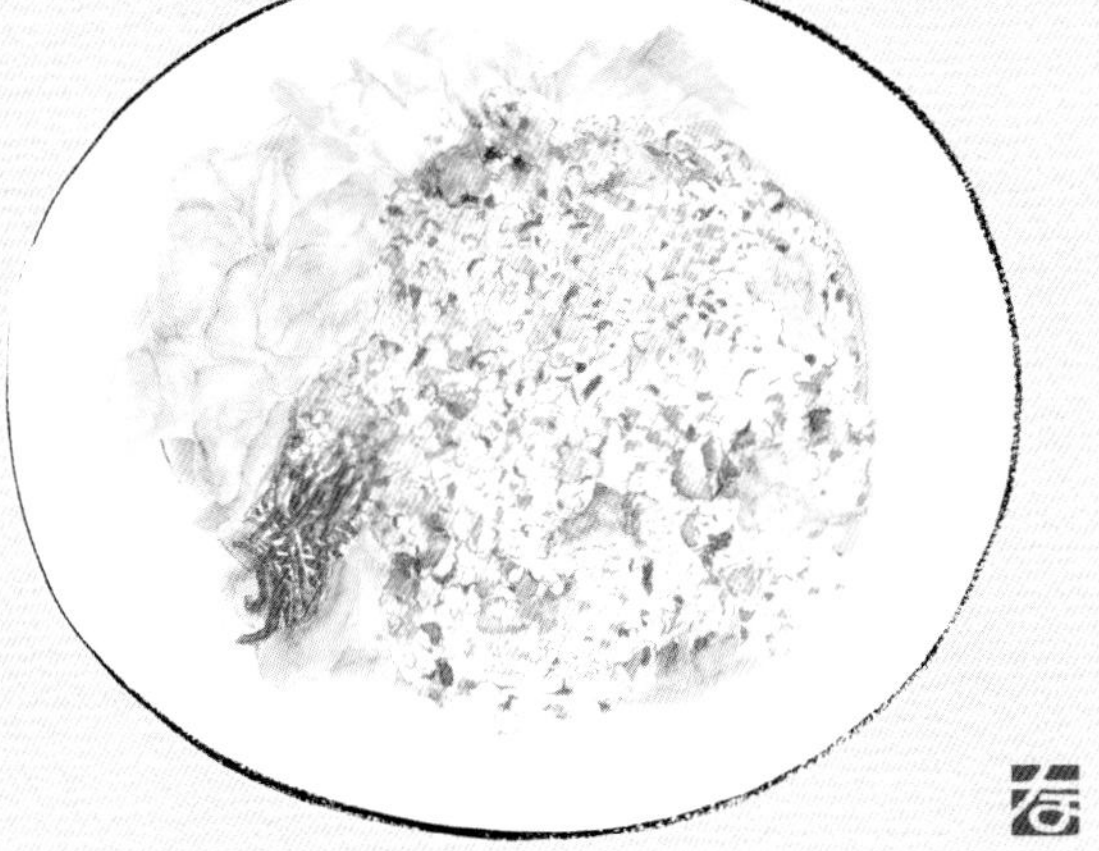

みんなパクパク！
ぱらぱらレタスチャーハン

材料（4人分）

ご飯…800g（どんぶり4杯分）
レタス…4枚
卵…4個
にんじん…$\frac{1}{2}$本
しいたけ…4枚
ロースハム…8枚
しょうゆ…大さじ2
サラダ油…適量
塩…適量
こしょう…適量
紅しょうが…適宜
飾り用レタス…お好みで

下ごしらえ

〈 レタス 〉

1 外側から1枚ずつ葉をはがす。
2 手で食べやすい大きさにちぎる。
3 ボウルに水を入れ **2** を浸す。
4 シャキッとしたら、ペーパータオルで水気を取り除く。

〈 にんじん 〉

1 へたを切り落とし、2等分してピーラーで皮をむく。
2 縦に薄切りにする。
3 数枚を重ね置きして、繊維に沿って2mm幅に切る（せん切りにする）。
4 次に **3** を1mmほどに細かく刻む（みじん切りにする）。

〈 しいたけ 〉

1 軸を切り、ひだを下にして2mmほどの薄切りにする。
2 さらに **1** を2mmに切りそろえ、横にしてみじん切りにする。

〈 ロースハム 〉

1 8枚重ねて1cm幅の細切りにする。
2 横にして **1** を1cm幅のみじん切りにする。

〈 卵 〉

ボウルに卵を割り入れ、卵白を菜箸で切るように混ぜる。

作り方

1 フライパンにサラダ油を入れ中火で熱する。
2 ロースハム、にんじん、しいたけの順に入れ炒める。
3 しんなりして火が通ったらフライパンから取り出し皿に移す。
4 サラダ油を適量入れ強めの中火で熱する。
5 卵をほぐし入れる。
6 卵が半熟程度になったら、**3** とご飯を加え、卵とからめるように炒める。
7 塩とこしょうを入れて味を調える。
8 フライパンの側面から、しょうゆを加え炒める。
9 最後にレタスを加え、炒め合わせる。
10 器に飾りのレタスをのせ、その上にチャーハンを盛る。彩りに紅しょうがを添えて出来上がり。

レタスには乳白色の液体の苦み成分がある。切り口付近に、にじみ出る。気になる時は、流水で洗うと良い。

信州の
寒さを思ふ
蕎《そ》麦《ば》湯《ゆ》哉

ホッとやさしいあったかそば

材料（4人分）

乾めん（そば）…400g
★めんつゆ（3倍濃縮）
…200mℓ
★水…1ℓ
ねぎ…適量
大根おろし…適量
梅干し（小粒）…適宜
削り節…適宜

作り方

1 ～ **7** P.27ざるそば参照。
8 両手でもみ洗いして水気を切ったら、沸騰した湯に入れそばを温める。
9 鍋に★を合わせ沸騰させ、そばつゆを作る。
10 器に温めたそばを盛り、**9** のつゆをかける。
11 好みで梅干し、大根おろし、削り節を添える。

温そばにのせる具は味付けした油揚げ、にしんの甘露煮、えびの天ぷらなど地方によって多種多様。1814年頃には、すでに年越しそばがあり、新しい年を迎える前日の夕方頃～夜にかけて食べられるようになったんだとか。

引抜《ひきぬい》た手に
霜《しも》残《のこ》る
大根哉

おふくろの味！ とろとろ大根と手羽先の煮物

材料（4人分）

手羽先…8本
大根…½本
★砂糖…大さじ2
★しょうゆ…大さじ2
★酒…大さじ1
★顆粒だし…小さじ1
★水…500mℓ
★みりん…大さじ2
サラダ油…適量

作り方

1 大根は2cm幅に切り皮をむき、それぞれ4等分に切り、下ゆでをしておく。
2 手羽先は鍋に油をひき、両面を焼いておく。
3 鍋に★の調味料を入れ手羽先と大根を加え煮る。

寒い冬に心も体も温まる。優しい味♡冬大根は甘味が増してさらに美味しい！

草も木も
君が春とぞ
歌ひける

みんな大好き♡つるつる春雨スープ
～太平燕風（タイピーエン風）～

材料（4人分）

春雨（緑豆春雨）…200g

煮汁

★中華スープの素（市販品）
…大さじ2
★水…1ℓ
★塩…適量
★こしょう…適量

具材

豚肉（こま切れ）…160g
にら…20g
かまぼこ…8切れ
にんじん…80g
きくらげ（乾燥）…10g
ゆで卵…4個
白菜…約160g（2枚）

下味

☆薄口しょうゆ…大さじ2
☆酒…小さじ2
☆みりん…小さじ2

サラダ油…適量

下ごしらえ

〈 にら 〉
流水で洗い、2～3㎝の長さに切る。

〈 かまぼこ 〉
3㎜程度の厚さに切る。

〈 にんじん 〉
短冊切りにする。

〈 きくらげ 〉
1 ボウルにたっぷりの水を入れ、きくらげを入れる。
2 表示された時間を守り、きくらげを戻す。
3 汚れを取り石づきを切り落とす。
4 食べやすい大きさに切る。

〈 ゆで卵 〉
ゆで卵を作り、それぞれ半分に切る。

〈 白菜 〉
葉を流水で洗い、ざく切りにする。

作り方

1 中華鍋か大きめのフライパンに油を入れ中火で熱する。
2 豚肉を入れ炒める。
3 色が変わって焼き色がつきはじめたら、にんじん、きくらげ、白菜、にらの順で入れて炒める。
4 まんべんなく火が通ったら、**3** に煮汁★と☆を加える。
5 沸騰したら、春雨を入れる。
6 やわらかくなるまで煮込む。
7 春雨の煮すぎに注意。
8 春雨が透明になり、火が通ったら器に盛る。
9 最後にかまぼことゆで卵を添えて完成。

太平燕（タイピーエン）は、熊本名物。低カロリーの春雨にたっぷりの野菜をトッピング。味はあっさりして食べやすく、美味しいこと間違いなし。

おゝ寒い
寒いといへば
鳴く千鳥

家族でワイワイ！
寒い日に食べたいおでん（柚子風味）

材料（4人分）

大根…400〜450g
米のとぎ汁…約2カップ
こんにゃく…1枚
ちくわ(小)…2〜4本
厚揚げ…120〜160g
牛すじ肉…200〜250g

ゆでこぼし

★しょうが…1かけ
★ねぎ(青い上部)…1本
★水…たっぷりの量

ゆで卵…4個
ゆずの皮(黄)…適量
ゆずこしょう…適宜

だし

水…1ℓ
昆布(5×10㎝)…1枚
削り節…15〜20g

〈 だし汁 〉

☆薄口しょうゆ…大さじ3
☆みりん…大さじ1
☆酒…大さじ2
☆砂糖…大さじ2
☆塩…ひとつまみ
だし…10カップ

下ごしらえ

〈 牛すじ肉 〉

1 大きめの鍋に水と牛すじ肉を入れる。
2 強火で沸騰させる。1〜2分ほどゆでる。
3 アクや臭みを取るために、ゆでこぼす。
4 ざるに牛すじ肉を上げ、ゆで汁を捨てる。
5 ボウルの中で牛すじ肉のアクや汚れをていねいに洗う。
6 きれいな鍋にしょうが、ねぎ(青い部分)、**5** を入れる。
7 たっぷりの水で再度ゆでる。
8 沸騰したら弱火にして、アクを取りながら約1.5〜2時間ゆでる。
9 やわらかくなったら、火を止め冷めるまで待つ。
10 浮き上がった脂を取り除く。
11 硬い腱や筋の固まりがあれば切り落とし、一口大に切る。

おでんの具にさつま揚げ、はんぺん、餅入りきんちゃく、じゃがいも、ゆでだこもアリ♥

〈 だし 〉

1 昆布の汚れなどをペーパータオルで拭き取る。
2 ボウルに水を入れ昆布を浸す。
3 2〜3時間昆布を浸したら、鍋に移しかえ、弱めの中火にかける。
4 小さな泡が昆布についたら、昆布を取り出す。
5 削り節を加える。
6 沸騰したら火を止めて5〜6分ほど、そのまま置く。
7 ざるに上げてこす。

〈 大根 〉

1 厚さ約3㎝の輪切りにする。
2 皮をむいて面取りする。
3 味がしみ込みやすいように底面に十字の切り込みを入れる。
4 米のとぎ汁で下ゆでする。

〈 こんにゃく 〉

1 塩もみして流水で洗う。
2 水から **1** をゆでる。
3 沸騰したら3〜4分ゆで、ざるに上げる。
4 粗熱をとり水気をきる。
5 三角形に切り、味がしみ込みやすいように格子の切り目を入れる。

〈 ちくわ 〉

斜め切りの2等分にする。

〈 厚揚げ 〉

1 1〜2分ほど、湯通しをする。
2 沸騰した湯に入れることで、しっかりと油抜きできる。
3 粗熱をとり水気を拭きとり、食べやすい大きさに切る。

〈 ゆで卵 〉

1 卵を室温に戻した後、沸騰した湯に入れる。
2 10〜12分ほどゆでる。
3 冷水に入れて粗熱をとり、卵の殻をむく。

〈 針ゆず 〉

1 ゆずの上皮(黄色部)をそぎ切りにする。
2 裏の白い部分をこそげ取る。
3 せん切りにする。

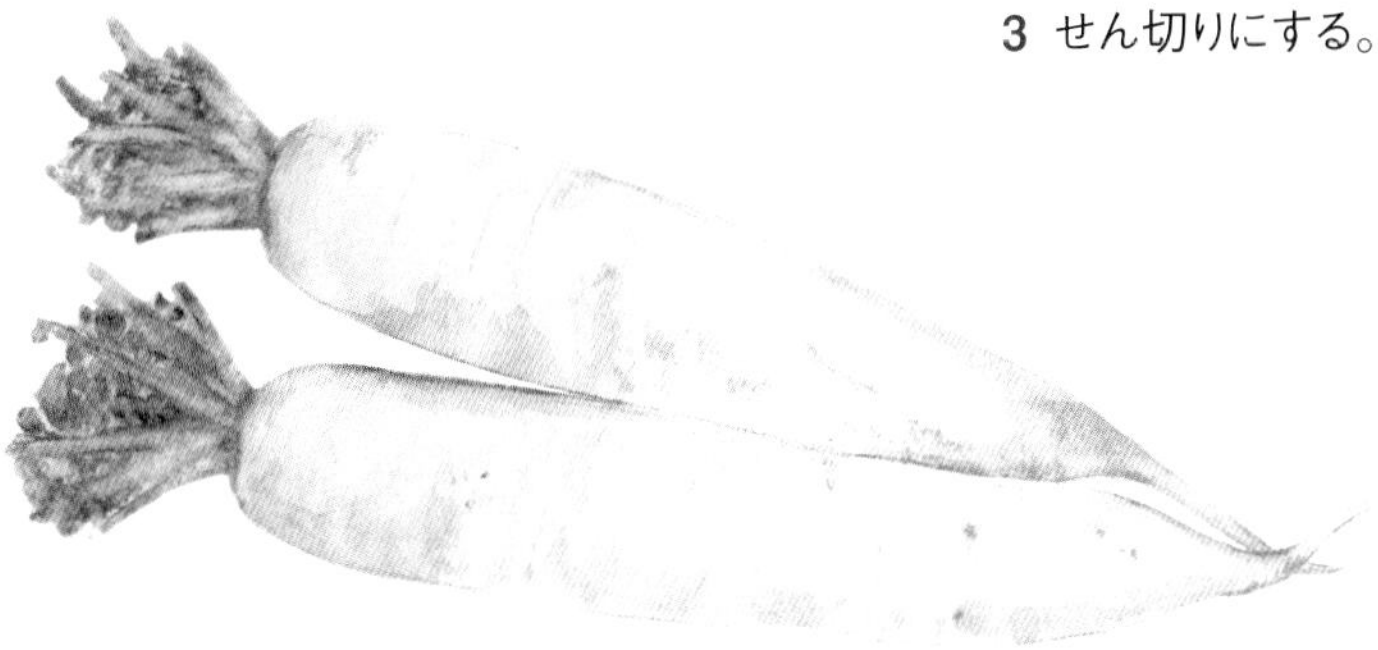

作り方

1 大鍋にだし、牛すじ肉、こんにゃく、大根、ゆで卵を入れる。
2 沸騰する直前に☆を加え、弱火で20分煮る。
3 大根がやわらかくなったら、厚揚げ、ちくわを加え、弱火で10分ほど煮る。
4 最後に針ゆずを散らし完成。
5 お好みで柚子こしょうを薬味に添える。

花いけに
一輪赤し
冬牡丹

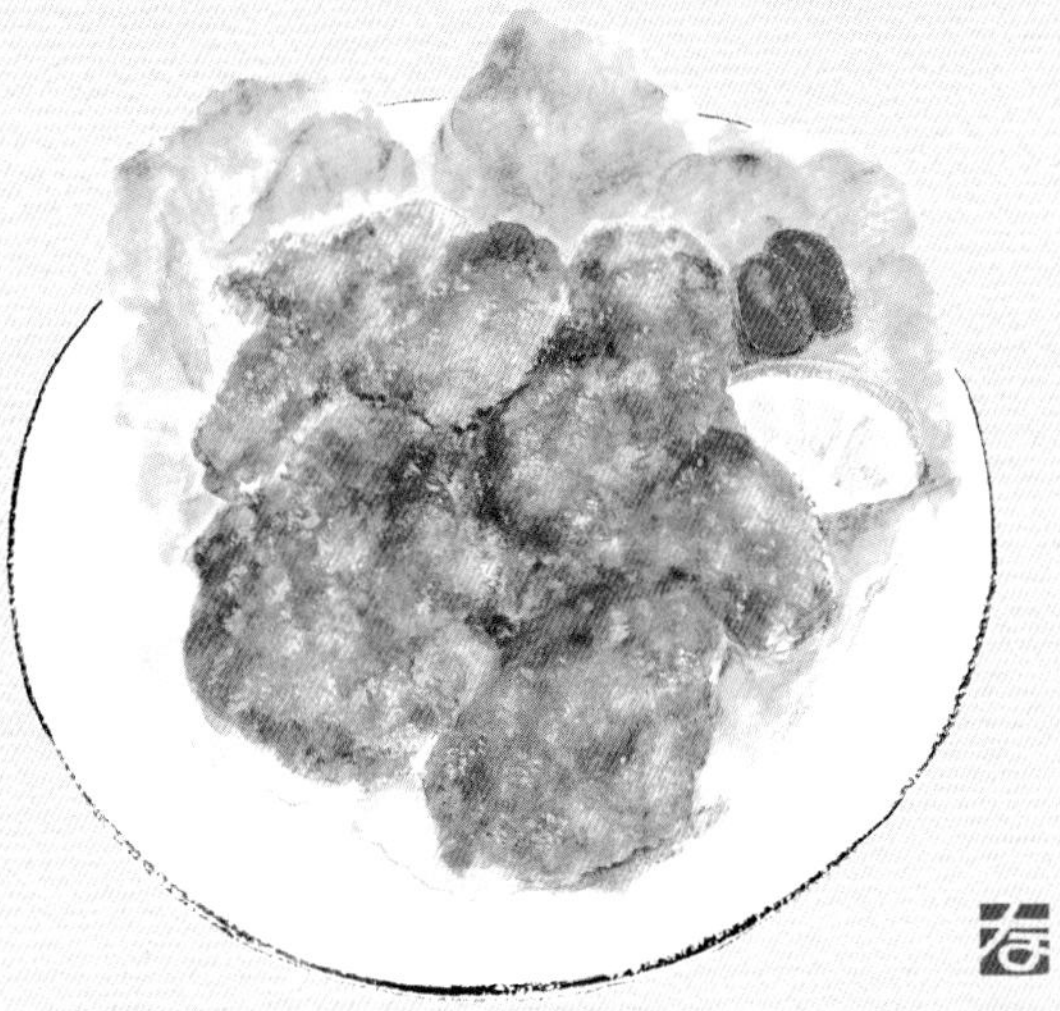

絶品！カラッと、からあげ
（花かつお風味）

材料（4人分）

鶏もも肉…2枚（約500g）

下味

- ★しょうゆ…大さじ3
- ★酒…大さじ2

片栗粉…大さじ8

かつお削り節（うす削り・ソフト削り）…約20〜30g

揚げ油…適量

レタス…適量

プチトマト…適量

レモン（くし切り）…適量

下ごしらえ

〈 レタス 〉

1 葉を破らないように1枚ずつ丁寧にはがす。
2 皿に盛れるぐらいの大きさに手でちぎる。
3 ボウルに冷水をためて **2** を5分程つけておく。
4 葉がシャキッとしたら水気をしっかりとる。

〈 鶏もも肉 〉

1 皮目を下にし、余分な肉の脂肪を切り落とす。
2 白い部分の筋に軽く切り込みを入れる。

作り方

1 鶏もも肉をから揚げの大きさ（一口大）に切る。
2 肉を★につけてしっかりと混ぜる。
3 10分おいて削り節を加え、しっかりともみ込む。
4 バットに片栗粉を入れて **3** にまぶす。
5 フライパンに3〜4㎝の深さまで揚げ油を入れる。
6 170℃の中温に熱し5分ほど揚げる。
7 焦げやすいので、菜箸などで少し回しながら揚げる。
8 油を切って、レタス、プチトマト、レモンを添えて出来上がり。

かつお削り節には、厚削り、うす削り、砕片（さいへん）があり、花かつおは薄く花びら状のものを言う。

素朴なおいしさ！
ホッとかぼちゃのいとこ煮

材料（4人分）

かぼちゃ

…¼個（350〜400g）

ゆであずき（缶詰・加糖）

…200g

水…1カップ弱

砂糖…大さじ1

しょうゆ…大さじ1

作り方

1 かぼちゃはわたと種をスプーンで取り除く。

2 3㎝角の食べやすい大きさに切り面取りをする。

3 鍋に水を入れ **2** を加えて沸騰させる。

4 煮立ったら弱火にして、砂糖を入れ落としぶたをして5〜6分ほど煮る。

5 ゆであずきとしょうゆを入れてやわらかくなるまで煮る（弱火で10分程度が目安）。

日一分
一分ちゞまる
冬至かな

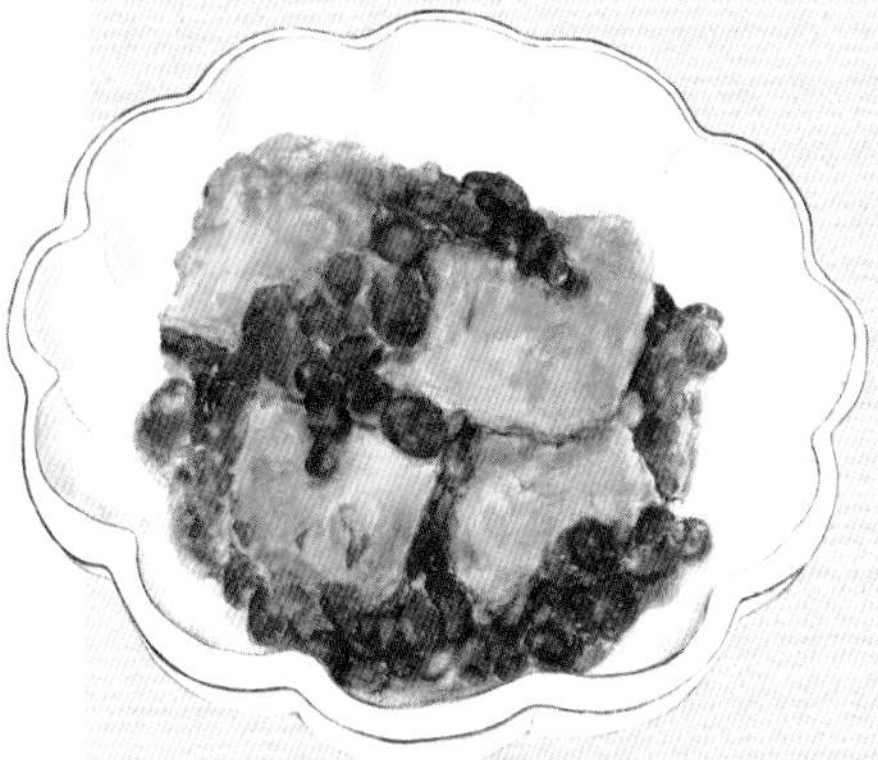

冬至の日には、かぼちゃメニュー。かぼちゃは冬至に食べると風邪をひかないと言われ、豊富なビタミンが手軽に取れる食材。

シンプル！時短！
小松菜と厚揚げの煮びたし

材料（4人分）

小松菜…4束

厚揚げ…150g

★砂糖…大さじ1

★めんつゆ…大さじ3

★酒…大さじ1

★みりん…大さじ2

★水…150㎖

作り方

1 小松菜は3〜4㎜幅に切り、厚揚げは食べやすい大きさに切る。

2 鍋に★の調味料を入れ **1** を加えて煮る。

3 器に **2** を盛り、ごまをふりかける。

小松菜に
霜よけしたる
畠かな

小松菜と厚揚げはカルシウムが豊富!栄養たっぷりオススメ料理。

泥ともに
掘出されたる
蓮根かな

コク旨！ホクホク根菜カレー

材料（4人分）

温かいご飯…どんぶり4杯分
ごぼう…1〜2本（約300g）
れんこん…1節（約300g）
玉ねぎ…中1個（約200g）
パンチェッタ（生ベーコン）…80g
カレールウ（固形）
…½箱（約100g）
水…800〜850mℓ
サラダ油…大さじ1

パンチェッタは、イタリア語で豚のバラ肉。フライパンでじっくり炒め、にじみ出た脂を利用してパスタソース（カルボナーラ）やスープのだし汁にもOK！

下ごしらえ

〈 ごぼう 〉

1 流水でごぼうの皮を洗う。たわしやアルミホイルを小さく丸めて擦り洗う。
2 乱切りにして、酢水にさらす（水1ℓに対し酢15mℓ）。

〈 れんこん 〉

1 両端を切り落とし、ピーラーで皮をむく。
2 一口大の食べやすい大きさの乱切りにし、酢水にさらす。

〈 玉ねぎ 〉

1 根元と首を切り落とし、皮をむく。
2 縦に2等分し、根元に切り込みを入れて芯を取り除く。
3 重なり合う実を2〜3つに分け、5㎜幅のくし切りにする。

〈 パンチェッタ 〉

幅1㎝ぐらいに切る。

〈 カレールウ 〉

溶け残りがないように数等分に割る。

作り方

1 炒め鍋に油を入れて熱し玉ねぎを加えて炒める。
2 玉ねぎに火が通り透明になったら、パンチェッタを加える。
3 中火でパンチェッタを炒め、脂が出てきたら弱火にしてじっくり炒める。
4 パンチェッタに焼き色がついたら、水気をきったごぼうとれんこんを加え炒める。
5 全体に油がなじんだら水を加え中弱火で煮る。
6 具材に火が通ったら火を止めてルウを入れる。
7 とろみがつくように弱火で煮込み味を調える。
8 器にご飯を盛り **7** をかけて出来上がり。

寒梅や
かすかに星の
二つ三つ

甘辛！ホクホクれんこんとしいたけの煮物

材料（4人分）

干ししいたけ（中厚）…12枚
れんこん…1節（約250g）
絹さや…12枚（約24g）
★薄口しょうゆ…大さじ1
★酒…大さじ2
★砂糖…大さじ3
★塩…適量
★だし汁…3カップ

下ごしらえ

〈 絹さや 〉

1 枝のついている方を折って引っぱり筋を取る。
2 もう一方の筋も取る。
3 ひげのついた根元を切る。

〈 干ししいたけ 〉

1 干ししいたけの表面の汚れをペーパータオルで拭き取る。
2 ボウルに水を入れ干ししいたけを浸す。
3 ひたひたの水でひだを下にして戻す。
4 ラップをして3時間から半日ほど戻るまでつける。
5 やわらかくなったら軽く水気を絞り、軸を切り落とす。

〈 れんこん 〉

1 れんこんの皮をむく（ピーラーを使用するとむきやすい）。
2 れんこんの穴をきれいにする。箸にアルミホイルを巻いて、汚れを取る。
3 5㎜程度の厚さの輪切りにして、5分ほど水にさらしてアクを抜く。
4 ペーパータオルで水気をきる。

作り方

1 鍋にだし汁と酒と下ごしらえした干ししいたけ、れんこんを入れ、ひと煮立ちさせる。
2 アクを取り除く。
3 砂糖を加えて中火で落としぶたをして8〜10分ぐらい煮る。
4 薄口しょうゆ、塩を加え、さらに弱火で10分ほど煮る。
5 やわらかくなったら火を止め、そのままおいて味を含ませる。
6 絹さやは沸騰した湯に塩を少々入れ、さっとゆでる。
7 冷水にとって冷ます。水気をきる。
8 しいたけとれんこんを器に盛り、絹さやを添える。

しいたけには、グルタミン酸やグアニル酸などの旨味を感じる成分があり、干ししいたけの戻し汁はだし汁として最適。

魚見えて
小春の水の
ぬるみかな

栄養満点♡ひじきのたらこ和え

材料（4人分）

戻しひじき…50〜60g
にんじん…½本
糸こんにゃく…1袋
青菜（ほうれん草や小松菜）
…2束
たらこ…100g
しょうゆ…大さじ2
ごま油…適宜

作り方

1 にんじんは千切りにし、青菜は3㎝幅に切り、糸こんにゃくは下茹でし5㎝幅に切っておく。
2 たらこは、薄皮に包丁を入れて中身を出しておく。薄皮は刻んで一緒に入れても良い。
3 フライパンにごま油をひき、たらこ以外の材料を炒め、しょうゆを加える。
4 火を止めてから、たらこを混ぜる（たらこは余熱で火を通す）。

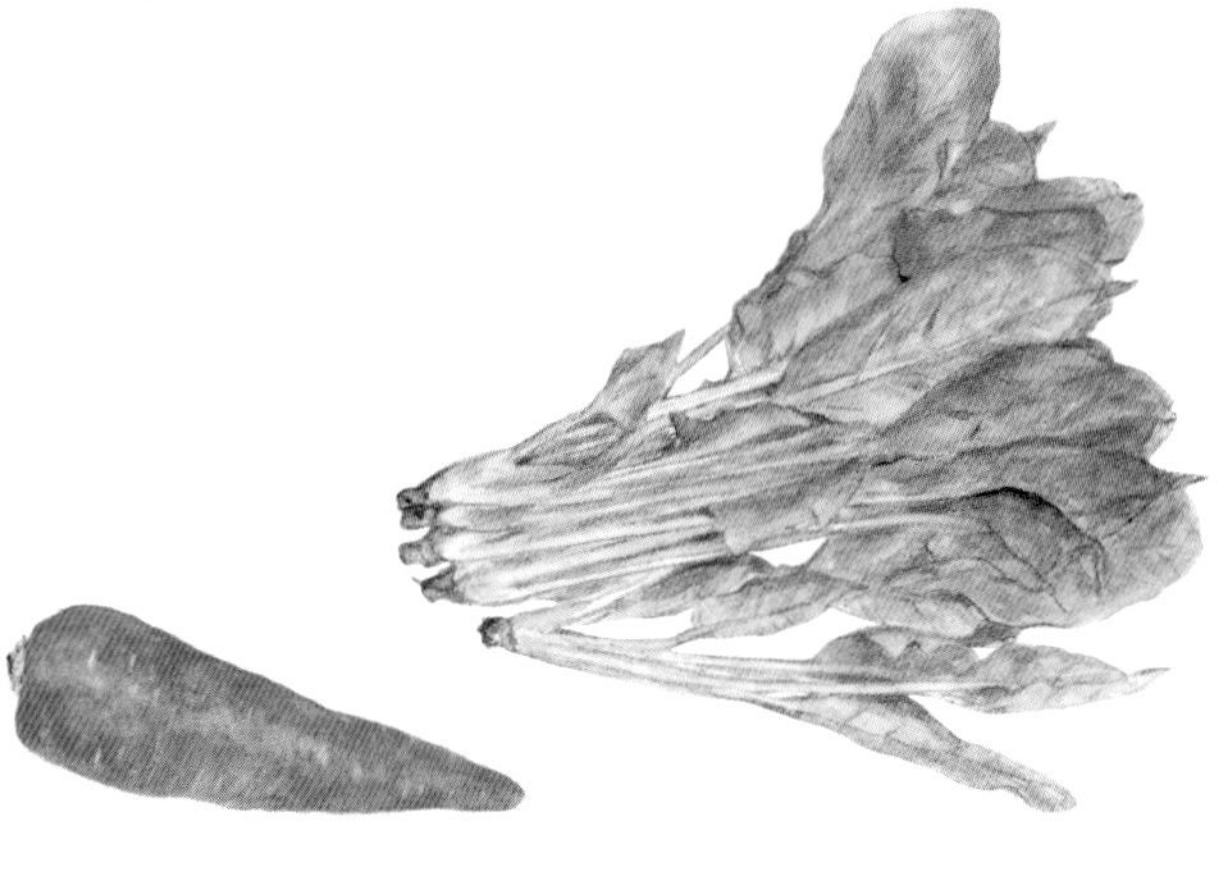

今晩のおかずにどうぞ。愛情たっぷり、ごはんにピッタリ！たらことひじきのハーモニー♡

菊も菜の
色に咲きたる
小春哉

ささっと完成！コスパ最強！ナムル三種（水菜、にんじん、もやし）

〈 水菜のナムル 〉

材料（作りやすい分量）

水菜…1束（200g）
塩…小さじ1
★ごま油…大さじ2
★しょうゆ…大さじ1
すり白ごま…大さじ1

作り方

1 ボウルに水をため、水菜をしっかり洗う。
2 鍋にたっぷりの水を入れ沸騰させる。
3 塩を加え、水菜の根元から湯に浸す。
4 10～15秒ぐらい、さっと茹でる。
5 ボウルに上げ、冷水でさます（ヤケドに注意）。
6 水気をしっかりきる。
7 3～4㎝の食べやすい長さに切る。
8 ボウルで **7** と★をあえる。余分な水気を絞る。
9 すり白ごまを入れ、混ぜ合わせる。
10 器に盛り完成。

シャキシャキ感とごま油の香りが食欲をそそる一品。水菜は冬に欠かせない王道の野菜の1つ。

〈 にんじんのナムル 〉

材料（作りやすい分量）

にんじん…1本
★ごま油…大さじ2
★塩…小さじ1
★こしょう…適量
すり白ごま…大さじ1

作り方

1 へたを切り落としピーラーで皮をむく。
2 4～5㎝の長さに切り分け、食べやすい厚さのせん切りにする。
3 鍋に湯をわかし、手早く茹でる。
4 盆ざるに上げて、流水で粗熱をとる。
5 ペーパータオルでしっかり水気をとる。
6 ボウルで **5** と★をあえる。
7 余分な水分を絞り、すり白ごまを入れて良く混ぜる。
8 器に盛り完成。

にんじんには、カロテンやリコピンが多く含まれ栄養満点の万能食材。

〈 もやしのナムル 〉

材料（作りやすい分量）

もやし…1袋
★ごま油…大さじ2
★塩…小さじ1と½
★こしょう…適量
すり白ごま…大さじ1

作り方

1 もやしのひげ根と芽を取る（大豆もやしのときは、芽は取り除かない）。
2 鍋にたっぷりの水を入れ沸騰させる。
3 もやしを入れ30秒ほど茹でる。
4 ざるに上げて水分を飛ばす。
5 しっかりと水気をきる。
6 ボウルで **5** と★をあえる。
7 余分な水分を絞り、すり白ごまを混ぜ合わせる。
8 器に盛り完成。

1年を通して安価で手に入れやすい野菜。ビタミンCも豊富。白く太いものを選ぶとGood！

さゝ波に
一日見ゆる
小春かな

やみつき！最高！
カルシウム豊富なじゃこ天メニュー

〈 和風じゃこ天 〉

材料（4人分）

じゃこ天…4枚
大根おろし…適量
すだち…2個
しょうゆ…適量
サラダ油…適量

作り方

1. フライパンに油を入れ中火で熱し、じゃこ天を焼く。
2. きつね色に焼き色がつき、じゃこ天に火が通れば皿に置き、粗熱がとれたら食べやすい大きさに切る。
3. 大根おろしと半分に切ったすだちを添え、しょうゆをかけて食べる。

〈 洋風じゃこ天 〉

材料（4人分）

じゃこ天…4枚
せん切りキャベツ…適量
プチトマト…8〜12個
パセリ…適量
マヨネーズ…適量
しょうゆ…適量
エキストラバージン
オリーブオイル…適量

作り方

1. フライパンにエキストラバージンオリーブオイルを入れ中火で熱し、じゃこ天を焼く。
2. じゃこ天に焼き色がついたら皿に移し粗熱をとる。
3. 食べやすい大きさに切り分け、マヨネーズを添える。
4. つけ合わせに、せん切りのキャベツとプチトマト、パセリを皿に盛る。
5. お好みでじゃこ天にしょうゆをかけて出来上がり。

じゃこ天は、煮ても焼いても美味しい優れもの。時短料理に欠かせない、主婦のお助けレシピ!

フランスの
一輪ざしや
冬の薔薇

アールグレイ

世界三大紅茶のひとつ、祁門紅茶をベースに、ベルガモットの爽やかな香りをつけた、オーソドックスなアールグレイ。

ストレートでもミルクティーでもおいしい、人気の紅茶。

おいしいお茶のいれ方
（カップ一杯分 150mℓ）
茶葉の量：2.5～3g
お湯の温度：熱湯
浸出時間：2.5分～3分
煎出回数：1～2回

アッサム CTC

濃くて甘いアッサム紅茶の代表。さっといれてもしっかりとコクと甘みが出るCTC（Crush, Tear and Curl=茶葉を砕き、裂いて丸めたタイプ）製法による茶葉のみを使用。ルピシアのオリジナルブレンド。

ミルクティーはもちろん、甘いチャイにも最適。夏はカレーなどのスパイシーなお食事とともに、アイスチャイもオススメ。

おいしいお茶のいれ方
（カップ一杯分 150mℓ）
茶葉の量：2.5～3g
お湯の温度：熱湯
浸出時間：1～2分
煎出回数：1～2回

ダージリン・ザ セカンドフラッシュ

「紅茶のシャンパン」と称される、夏摘み、ダージリンのみのブレンド。芳醇な味わいでありながら、みずみずしくフルーティーな香りとすっきりしたのど越し。

おいしいお茶のいれ方
（カップ一杯分 150mℓ）
茶葉の量：2.5～3g
お湯の温度：熱湯
浸出時間：2～3分
煎出回数：1～2回

キャロル

季節限定の人気の紅茶。クリスマスケーキを思わせるストロベリーとバニラの香りに、ローズの花びらが華やかさを演出する紅茶です。やさしく甘い香りがミルクにぴったり。

おいしいお茶のいれ方
（カップ一杯分 150mℓ）
茶葉の量：2.5～3g
お湯の温度：熱湯
浸出時間：2.5分～3分
煎出回数：1～2回

ウバ・ハイランズ

【ウバ・ハイランズ】は、ウバ地方でも最も名高い名園の紅茶。ウバらしいキレのいい渋みとミントに似た香りが特徴的。豊かなコクと爽やかで高貴な香りは、世界中で愛されています。

おいしいお茶のいれ方
（カップ一杯分 150mℓ）
茶葉の量：2.5～3g
お湯の温度：熱湯
浸出時間：45秒～1.5分
煎出回数：1～2回

制作協力：世界のお茶専門店 ルピシア　http://www.lupicia.com

旅の思い出・県紹介

京都

岡山

熊本

愛媛

旅の思い出・県紹介

愛媛

ふるさとに
心の花を
かざりけり

愛媛県

四国の北西～北中部に位置（瀬戸内海に浮かぶ美しい島々も含みます）。愛媛県と広島県は「しまなみ海道」で結ばれ、両県の生活圏の重要な交通網の役割を担っています。人気観光スポットの道後温泉の周辺には、多くの銘品、銘菓の店舗が立ち並び、その近くに松山市立子規記念博物館があります。また柑橘類の収穫量が最多で品目数が豊富。一年を通して爽やかな果肉を楽しめます。

草の花
少しありけば
道後なり

道後温泉

日本三古湯の１つ。明治時代には、正岡子規さんや夏目漱石さんもこの湯に入り道後を楽しみました。2017年、道後温泉別館、飛鳥乃湯泉が開湯いたしました。「太古の道後」に想いを馳せつつ、入浴するのも趣がございます。

永き日の
山越えて伊予の
城見ゆる

松山市立子規記念博物館

国内屈指の文学系博物館。俳人、正岡子規さんの自筆の句や当時の貴重な資料を常時展示。情緒豊かな松山の歴史や文学に間近に触れることが出来ます。

柑橘類

温州みかん
果皮がやわらかい。容易く剥け、果肉の甘さが口いっぱいに広がり、自然の恵みに感謝のウンシュウミカン。

伊予柑
ビタミンＣが多く栄養豊富。時期は、１月～３月。受験生にもオススメのイヨカンパワー。

旅の思い出・県紹介

熊本

故郷の
たよりうれしき
袷哉

熊本県

九州本島の中央部に位置。
2011年3月、九州新幹線全線開業。
熊本県の特産品やイベントをPRするためのマスコットキャラクター、くまモン誕生。くまモンは、食の宝庫、熊本県をPR。県内には、すいか、いきなり団子、晩白柚、くまもとラーメン、くまもとあか牛など様々な伝統ある銘品や銘菓が多数あります。

君來ばと
西瓜抱えて
待つ夜かな

すいか

甘味が強く濃厚なブランドすいか。食感のシャリ感もまた格別で、その外皮も大変美しい縞模様です。

いきなり団子

熊本県の郷土料理の1つ。さつま芋とあんを小麦粉から作った生地で包み込み蒸し上げます。くまもと名物、いきなり団子はバリエーションも豊富で小腹がすいた時やおやつに是非とも食べたい一品。

芋の葉に
月のころがる
夜露哉

九州に
入りて五月の
ジャボン哉

注釈：ジャボンとは朱欒ザボン

晩白柚

晩白柚は、「ばんぺいゆ」と読み、その実は大変大きく重量があります。最初にその立派なお姿を愛で、次に馥郁たる柑橘系の香りを楽しみます。最後に、果肉の爽快な甘さと酸味をじっくりと味わいます。

一文字ぐるぐる

熊本県の郷土料理。一文字（小葱・ワケギなど）をさっと茹で冷たい水にくぐらせ、根元からぐるぐると葉を巻き付けたものを酢味噌につけていただきます。

くまもとあか牛

阿蘇地方で放牧。適度な脂肪と赤身の多い肉質。良質なたんぱく質やビタミンBが豊富です。ステーキ、ハンバーグ、丼ぶり、焼肉、どのメニューでも大変美味しくいただけます。

夏目漱石

明治28年4月、夏目漱石さんは愛媛県尋常中学校の英語教員として松山へ赴任。漱石さんは、二階建ての六畳と四畳半の二間の下宿先を「愚陀佛庵」と名付け、帰郷した正岡子規さんと同年8月下旬より50日あまり生活を共に過ごしました。漱石さんも俳句に傾倒し松山赴任中に多くの俳句をお作りになりました。

明治29年4月、熊本県の第5高等学校に就任。以降、ロンドンに留学するまでの数年間、漱石さんは熊本県で約900句もの俳句を作り、句稿を通して子規さんと交流を深めました。

旅の思い出・県紹介

岡山

花盛
故郷や今
衣がへ

岡山県

中国地方の南東に位置し、笠岡諸島、日生諸島など美しい大小の島々が点在。キャッチフレーズは「晴れの国おかやま」。1988年に瀬戸大橋が全線開通し瀬戸内気候で、ももやぶどうの果物の産地。その他に、岡山ばらずし、ままかり、とまとゼリーなども有名で、由緒ある老舗菓子店や土産菓子店が数多くあります。

夏休みの
書生に逢ひぬ
瀬戸の船

瀬戸大橋

本州の岡山県と四国の香川県を結び、高速道路と鉄道併用橋。上部には高速道路、下部にはJR線が走り、吊り橋や斜張橋・トラス橋・高架橋から成り立つ。全長9368m。

桃の實を
籠にもりてや
床の上

清水白桃

岡山の名産。白く美しい大玉の桃。最高級品。上品な甘さと香りが口いっぱいに広がります。食べ終わるまで幸せなひとときをたのしめます。

紫の
玉累々と
葡萄哉

ぶどう

岡山は全国でも有数のぶどうの産地。多種多様なぶどうがあり、どれもみなジューシー。ニューピオーネやマスカット・オブ・アレキサンドリア、種がなく皮ごと食べられるシャインマスカット、桃太郎ぶどうなどがあります。

夕飯や
明月上がる
膳の上

岡山ばらずし

岡山県の郷土料理の1つ。海や山の豊富な食材を、ふんだんにのせた見目麗しい一品。

ままかり

岡山県の郷土料理の1つ。ニシン科の魚サッパを酢漬けにした一品。さっぱりとした味つけで、ご飯のおかずに酒の肴にぴったりの逸品です。

とまとゼリー

「晴れの国おかやま」で収穫された完熟とまとを余すところなく丸ごと使った極上ゼリー。大人気商品。

旅の思い出・県紹介

京都

故郷や
どちらを見ても
山笑ふ

京都府

近畿地方に位置。山地や高地、そして盆地から成り立ち、北端部は日本海に面しています。
清水寺、嵐山、二条城など多数の人気観光地があります。

清水寺

東山区・音羽山の中腹にある寺院。見事な懸造りの「清水の舞台」が有名です。

清水や
舞臺の上の
秋の空

人の目の
秋にうつるや
嵐山

嵐山エリア

桜の名所100選、紅葉の名所100選に選ばれ、桂川の右岸と左岸、渡月橋を含んだ周辺一帯には、銘店、銘菓店が多数あり。

天橋立

日本三景の１つ。延々と続く砂浜には、約5000本もの松が茂り、その名に相応しく、まさに天に架かる橋のようです。

天の川
天の橋立
ほのぼのや

賀茂なす

黒紫色の大きい丸いなす。光沢のある皮はやわらかく、煮物や田楽に最適。栽培の歴史も長く愛され続ける伝統の京ブランド産品の一つ。

九条ねぎ

古のむかしから栽培され、親しみ深いねぎ。焼いて良し。炒めて旨し。煮るも良し。葉が太く甘みがあり美味しく召し上がれます。

おわりに

「一食一句」第二弾を出版するにあたり御指導御鞭撻、並びに御尽力を賜りました（株）幻冬舎ルネッサンス新社様、代表取締役社長　山名克弥様、編集部　竹内友恵様、企画編集部　佐藤大祐様、スタッフ一同様、（株）タニシ企画印刷様、スタッフ一同様、長尾佳三様、レシピを寄贈いただきました皆様に心より御礼申し上げます。

　母が旅行してみたいと語っていた府県を加え、正岡子規さんの俳句とともにご紹介させていただきました。子規さんの俳句に触れ俳句に親しむきっかけになれば幸甚に存じます。

佐倉《さくら》 海桜《みお》

制作協力　亀田製菓株式会社様
　　　　　五色そうめん株式会社 森川様
　　　　　世界のお茶専門店 ルピシア様
　　　　　日清食品株式会社様　　　　（50音順）
執筆協力　料理愛好家 にった あきこ様

「一食一句」軌跡

2018年（平成30年）12月14日 出版。
2019年（令和元年）5月11日よりせとうちテレビにて
料理番組「一食一句」を放送開始。同年10月末、全12回終了。
2020年5月26日『ISSYOKU IKKU A HAIKU FOR EVERY MEAL』 出版
2020年9月中旬より株式会社デイリー・インフォメーション関西様のご尽力を賜り
ニューヨークに進出。ブルックリンにて販促活動開始。

スタッフ後記

一冊の本から料理動画から地上波テレビ番組と輪が広がり、より多くの皆様に「一食一句」を知っていただく機会を賜り、大変嬉しく感謝の気持ちでいっぱいです。
スタッフ一同、心より御礼申し上げます。

「一食一句」第一弾、五・七・五で伝わる母の味も、第二弾、五・七・五で伝わる四季の味も、優しさがギュッと詰まったレシピ本です。皆様の心にそっと寄り添う本になれますように。一家に一冊愛着のある本になることを心から願っています。（RiEにゃん）

｜ 著 者 紹 介 ｜

佐倉海桜（さくらみお）

日本文化をこよなく愛する二児の母。趣味は、書道と読書。著書に、『五・七・五で伝わる母の味　一食一句』、『ISSYOKU　IKKU　A HAIKU FOR EVERY MEAL』、『ごー・しち・ごはん!』（以上、小社刊）がある。

｜ 参 考 文 献 ｜

松山市立子規記念博物館 データベース

『愛媛県の歴史』　内田九州男・寺内浩・川岡勉・矢野達雄著　山川出版社
『愛媛県の歴史散歩』(歴史散歩38)　愛媛県高等学校教育研究会地理歴史・公民部会著　山川出版社
『漱石松山百句』　坪内稔典・中居由美編　創風社出版
『漱石熊本百句』　坪内稔典・あざ蓉子編　創風社出版
『熊本県謎解き散歩』　岩本税・水野公寿編・著　㈱新人物往来社
『晴れの国おかやま検定2020-2021』岡山商工会議所　岡山県協力　吉備人出版編集部編　吉備人出版
『京都大知典』　エイジャ編　JTBパブリッシング
『らくたび文庫No.006おうちで京野菜　夏・秋レシピ』㈱桜風舎編　コトコト
『紅茶の大事典』　日本紅茶協会編　成美堂出版
『しあわせ紅茶時間』　斎藤由美著　日本文芸社

「道後温泉 公式サイト」
「果物情報サイト 果物ナビ」
「熊本県 公式ホームページ」
「くまモンオフィシャルホームページ」
「くまもと あか牛チャンネル 熊本県畜産農業協同組合連合会」

イラストレーション ……… 長尾佳三

五《ご》・七《しち》・五《ご》で伝《つた》わる四季《しき》の味《あじ》
一食一句《いっしょくいっく》

2020年10月28日　第1刷発行

著者　佐倉海桜
発行人　久保田貴幸
発行元　株式会社 幻冬舎メディアコンサルティング
〒151-0051　東京都渋谷区千駄ヶ谷4-9-7
電話　03-5411-6440（編集）
発売元　株式会社 幻冬舎
〒151-0051　東京都渋谷区千駄ヶ谷4-9-7
電話　03-5411-6222（営業）

印刷・製本　中央精版印刷株式会社

装丁　松崎理（yd）
福田明日実（yd）

検印廃止

Printed in Japan
ISBN 978-4-344-92763-6 C2077
幻冬舎メディアコンサルティングHP
http://www.gentosha-mc.com/